터키 박물관 산책

문화인류학자 이희수 교수와 함께하는

터키
박물관
산책

이희수

지음

푸른숲

차례

불가리아

흑 해

에디르네

그리스

보스포루스 해협

이스탄불

게브제

마르마라 해

차낙칼레

부르사

사프란볼루

에스키셰히르

앙카라

베르가마

터

키

마니사

이즈미르

셀축

카파도키아

에페스

파묵칼레

코냐

안탈리아

아다

메르신

로도스 섬

크레타 섬

지 중 해

키프로스

0   100   200 km
0   100   200 mi

인류 역사와
문명이 압축된 땅,
터키를 거닐다

터키와 사랑에 빠진 지 어느 새 30년이 지났다. 대학 동기들이 공부를 위해 미국으로 향할 때, 이스탄불로 가는 비행기를 타고 유학길에 올랐던 1983년의 삐딱한 결정이 오늘의 나를 있게 했다. 내 청춘과 인생의 절반을 바친 곳을 이제는 눈감고도 그릴 수 있지만, 여전히 처음 터키 땅을 디뎠을 때의 그 낯설고도 가슴 벅찬 기분을 잊을 수 없다.

터키는 나라 전체가 하나의 박물관이다. 역사학자 아널드 J. 토인비의 "터키는 살아 있는 인류 문명의 옥외 박물관"이란 표현은 결코 과하지 않다. 터키는 지리적, 역사적, 종교 문화적으로 동서양의 문명이 교차하는 곳이기에 여행하는 것만으로도 인류 역사의 파노라마를 한눈에 볼 수 있기 때문이다. 수도 이스탄불만 해도 메소포타미아 문명에서 출발해 오리엔트, 그리스, 로마, 비잔틴, 이슬람에 이르기까지 5,000년 역사 속에 감춰놓은 인류의 온갖 사연과 지혜, 그리고 실험 정신이 고스란히 녹아 있다. 깊고도 다양한 역사를 가진 이스탄불에서는 고달픈 나의 삶 또한 의미 있는 역사의 한 점으로 우뚝 되살아나는 듯하다. 그래서 내게 이스탄불은 치유의 도시이기도 하다. 지금도 지치고 힘이 달릴 때면 터키로 홀연 날아가곤 한다.

특히 역사를 기반으로 인류학을 공부하고 가르치는 나에게 이스탄불은 학자의 열정을 일깨우는 지식 발전소라 할 수 있다. 오감을 열고 호흡해야 하는 생생한 역사의 현장이자 무궁무진한 학문적 연구 주제를 끄집어낼 수 있는 창의적인 공간이다. 마치 스승처럼, 인류의 역사는 서로 다른 가치를 주고받는 과정을 통해 상호유기적으로 발전한다는 진리를 깨우쳐준 도시이기도 하다. 또한 유네스코 세계문화유산으로 지정된 이스탄불 역사지구에는 이집트의 오벨리스크부터 그리스 로마 유적지, 이슬람의 웅장한 모스크, 그리스정교의 총본산까지 갖추고 있어 학자들은 물론 많은 여행자들의 숨을 멎게 하고 발길을 묶어놓는다.

이스탄불 외에도 사프란볼루, 앙카라, 에페스, 베르가마, 파묵칼레, 안탈리아, 코냐, 카파도키아, 샨르우르파, 하란 등 장구한 역사의 자취를 두루 만날 수 있는 11개 도시, 17곳의 인상적인 박물관을 독자 여러분들과 함께 찾아가보려 한다.

첫 번째로 터키에서만 볼 수 있는 귀한 유물들이 있는 곳을 둘러볼 것이다. 세계 5대 고고학 박물관으로 꼽히는 이스탄불 고고학 박물관은 100번 넘게 이스탄불에 다녀온 나조차 아직 절반도 보지 못할 만큼 많은 유물들을 소장하고 있는데 그 수가 100만 점이 넘는다. 셀주크튀르크의 뿌리가 된 아나톨리아의 문화를 한꺼번에 이해할 수 있는 터키 이슬람 예술 박물관에서는 오스만제국 시대의 아라베스크, 캘리그래피 작품부터 복식, 창문, 가옥 구조 등 건축에 이르기까지 이슬람 문화의 정수를 경험할 수 있다. 앙카라에 있는 아나톨리아 문명 박물관은 구석기부터 비잔틴 시대까지 아나톨리아 반도에서 출토된 유물을 전시하고 있는데, 인류 최초로 철기를 사용한 히타이트족의 유물을 직접 볼 수 있다.

두 번째로 건물과 장소 자체가 터키의 자랑이자 박물관인 곳으로 안내하려 한다. 이슬람과 기독교의 징표들이 공존하는 성 소피아 박물관은 916년은 교회로 481년은 모스크로 사용되었다. 역사의 변곡점을 거치며 그 자체로 인류의 종교사를 그대로 증명한다. 성 소피아 박물관과 동쪽으로 맞닿아 있는 톱카프 궁전 박물관에서는 오스만제국의 삶과 예술, 역사와 문화를 생생하게 만날 수 있다.

마지막으로 도시 전체가 문화유산이자 박물관인 곳을 빼놓을 수 없다. 오스만튀르크 시대부터 400년 동안의 전통과 삶의 자취를 고스란히 간직한 사프란볼루 옥외 건축 박물관은 전통 가옥의 하얀색과 커피색이 푸른 하늘과 잿빛 도로 사이에서 절묘한 색감을 빚어내며 진풍경을 선보인다. 터키를 올 때마다 어김없이 찾는 곳이기도 하다. 절대자의 존재를 믿게 할 만큼 위대한 자연의 조화가 펼쳐지는 괴레메 야외 박물관에는 바위를 파서 만든 암굴 교회를 비롯한 바위산들이 카파도키아 전체를 휘감고 있다.

우리가 알고 있는 대부분의 문명이 터키를 거쳐 갔고, 수많은 민족이 이곳에서 살고, 싸우고, 죽어 갔다. 세계 문명의 총합이자, 역사의 한 가운데를 관통하는 터키 박물관을 다니다보면 문화적 소양이 깊어지는 것은 물론 어느새 세상의 질서와 이치를 깨닫게 된다. 그동안 눈에 새기고 가슴에 담아 두었던 박물관들을 함께 거닐게 되어 더없이 기쁘다. 독자 여러분들에게도 터키가 살아 움직이는 땅, 말로 표현하기 힘든 예술의 향기가 가득한 곳, 위대한 인류의 지혜가 담긴 나라로 다가가길 바란다.

2015년 4월

이희수

01

100만 점 이상의 방대한 유물을 소장한
터키 대표 박물관

이스탄불 고고학 박물관

5,000년 인류 역사 속 장구한 사연과 역사적 사건의 현장이 우리를 기다리는 곳. 박물관을 딱 한 곳 둘러볼 여유밖에 없는 터키 여행자라면 잊지 말아야 할 곳이 바로 이스탄불 고고학 박물관이다. 이곳은 런던의 영국 박물관, 파리의 루브르 박물관, 아테네의 고고학 박물관, 이집트 고고학 박물관과 더불어 세계 5대 고고학 박물관으로 꼽힌다.

공항에서 전차인 트람바이를 타고 귈하네 역에 내린다. 걸어서 2분 거리인 귈하네 공원에 이스탄불 고고학 박물관이 자리하고 있다. 짐이 많지 않을 땐 일부러 직전 역인 술탄 아흐메트 역에서 내려 걷는 것도 좋다. 5분 정도 걷는 동안 트람바이가 다니는 큰길을 따라 카페, 부티크 호텔, 환전소, 토산품 가게, 전통 음식점, 여행사 등 50여 곳의 가게가 촘촘히 늘어서 있는 것을 눈으로 스케치할 수 있다. 터키에서 가장 많은 관광객이 찾는 이스탄불의 구시가로, 블루 모스크로 잘 알려진 술탄 아흐메트 사원, 성 소피아 성당, 예레바탄 사라이 지하 저수지도 근처에 있다. 이 길에 들어서서야 비로소 이스탄불에 와 있음을 실감할 수 있다.

왁자지껄한 구시가의 분위기를 만끽했다면, 이제 공원 입구에서 오른편의 고즈넉한 오르막길로 들어서보자. 수령이 수백 년은 족히 됨직한 느티나무 그늘이 로마 시대 돌길 위에 드리워 있다. 돌길 옆에는 그리스 시대 석관들이 여기저기 놓여 있다. 다른 나라였다면 박물관 안 전시장에서 호강했을 귀한 유물들이 비바람과 햇볕 아래 그대로 내놓여 있다. 좀 더 걷다가 골목 끝에서 오른쪽으로 돌면 그리스, 헬레니즘, 로마의 유물 등이 100만 점 이상 소장된 이스탄불 고고학 박물관이 우리를 기다리고 있다. 정문의 만卍 자형 문양과 이오니아식 디자인이 오리엔트와 그리스 문화의 접목을 상징적으로 드러낸다.

고고학 박물관 전경 | 알렉산드로스 대왕 석관이 있는 고고학 박물관 본관. 조금만 둘러봐도 런던의 영국 박물관, 파리의 루브르 박물관, 아테네의 고고학 박물관, 이집트 고고학 박물관에 비해 규모가 작은 이곳이 세계 5대 고고학 박물관으로 꼽히는 이유를 알게 된다.

세계 최초의 평화조약, 카데시 조약 점토판

이스탄불 고고학 박물관은 모두 세 개의 건물로, 정원을 가운데 두고 둘러서 있다. 정문 맞은편에 고대 오리엔트 박물관이 있고, 오른편에는 본관인 고고학 박물관, 왼편에는 타일 박물관이 자리 잡고 있다. 먼저 오리엔트 박물관으로 들어서면, 이집트 시나이 반도에서 발굴된 고대 미라와 상형문자, 바빌론 궁전에서 가져온 사자와 유니콘 등의 화려한 채색 타일과 함께 히타이트와 아시리아의 유물들이 전시되어 있다. 고대 4대 문명이 무엇인지는 배웠지만, 그중 중국 황허 문명 이외의 이집트 문명, 메소포타미아 문명, 인더스 문명이 중동에서 발생했다는 데 주목한 이들은 많지 않을 것이다. 더욱이 이 3대 문명은 경계가 가까운 지리적 특성상 오랜 시간에 걸쳐 역사적 접촉과 문화적 교류가 이루어졌다. 세 문화권에서 발견되는 유물과 예술, 신화 체계를 살펴보면 신, 우주, 천체에 대한 관점을 공유했다는 것을 확인할 수 있다.

고대 오리엔트 박물관에서는 인류 최초의 법전으로 평가받는 우르남무 법전과 가장 완성된 법체계를 갖춘 함무라비 법전 일부도 중요하지만, 세계 최초의 성문 국제조약인 카데시 조약Kadesh Treaty 점토판을 살펴봐야 한다. 귀퉁이가 많이 떨어져나가 손바닥만큼 작은 점토판이지만 감탄스러울 만큼 정교하다. 카데시 점토판에는 이집트 람세스 2세와 철기 문화 혁명을 이룬 히타이트, '마이다스의 손'으로 유명한 미다스 왕 등 고대사의 톱스타들이 한꺼번에 등장하는 흥미진진한 내용이 새겨져 있다. 이들의 활동 무대가 지금의 터키 땅인 아나톨리아 반도다.

3,300년 전 무렵, 이집트 문명은 람세스 2세의 지배 아래 전성기를

세계 최초의 성문 국제조약인 카데시 조약 점토판 ｜ 가로 13.8센티미터, 세로 17.6센티미터 정도의 작은 점토판에 새겨진 내용은 고대의 양대 슈퍼 파워 히타이트와 이집트가 문명국임을 보여준다. 이 조약에 담긴 공존과 상생이라는 인류사적 의미가 알려지면서 확대된 점토판 사본은 유엔 본부 건물 벽면을 장식하고 있다.

이집트 땅의 대왕 람세스와 히타이트 영토의 대왕 하투실리 사이의

영원한 평화와 우정을 위하여 조약을 맺는다.

두 나라는 평화가 맺어준 형제이며 이러한 관계는 영원히 지속될 것이다.

[…]

전쟁 중 도망간 병사는 본국으로 송환한다.

그러나 엄벌을 받지는 않을 것이며, 눈물을 흘릴 일도 없을 것이며,

그 앙갚음으로 달아난 병사의 아내와 아이들을 범하는 일도

없을 것이다……

맞았고, 메소포타미아 문명의 오리엔트에서는 히타이트가 통일 제국을 이루었다. 더 이상의 팽창을 멈춘 두 제국은 전리품의 공급은 줄어드는 데 비해 국내 수요는 늘어나는 모순된 상황 속에 서서히 병들고 있었다. 새로운 돌파구를 찾기 위해 람세스 2세는 시나이 반도를 지나 히타이트의 땅인 비옥한 오리엔트를 향해 본격적으로 북상했다. 히타이트도 북쪽의 흑해와 동쪽의 산맥에 가로막혀 영토 확장이 더는 불가능한 상황에서 이집트가 있는 남쪽으로 진군했다. 그리하여 기원전 1274년경, 당시 세계 최대의 두 제국이 지금의 시리아 영토인 카데시 근처에서 맞닥뜨렸다. 자국의 생존을 위한 피할 수 없는 충돌로, 각 문명을 대표하는 이집트의 람세스 2세와 히타이트의 무와탈리스 2세가 맞붙은 최초의 세계대전이었다. 가나안에서 시리아의 알레포까지 지중해를 따라 이어지는 비옥한 영토는 위기에 처한 두 제국 모두에게 포기할 수 없는 젖줄이었다. 따라서 최대 규모의 군대와 최첨단 전투 장비였던 3,500대가량의 중무장 이륜전차가 총동원되어 위력을 발휘했다. 이집트 군대는 신의 이름을 딴 '아몬', '라', '세트', '프타'의 네 부대를 편성해 오론테스 강 서쪽을 향해 진격했고, 히타이트도 제국 내 19개 부족으로 구성된 연합군으로 이집트에 맞섰다. 전쟁은 이집트군에 체포된 히타이트 첩자들이 흘린 거짓 정보로 분기점을 맞았다. 이집트군이 아직 히타이트의 주력부대가 200킬로미터나 떨어진 북쪽 알레포에 주둔해 있다는 정보를 믿고 있는 사이, 히타이트군이 오론테스 강을 건너 람세스 진영을 급습한 것이다. 결정적인 승기를 놓친 이집트는 그 후에도 16년간 일진일퇴를 거듭하며 히타이트와 지리멸렬한 소모전을 이어갔다. 쉽게 우열을 가릴 수 없었던 두 슈퍼 파워는 결국 히타이트의 새 왕 하투실리 3세의 등극을 계기로 평화조약을 체결한다. 이것이 바로 세계 최초의 성문 국제 평화조약인 카데시 조약이다.

> 이집트 땅의 대왕 람세스와 히타이트 영토의 대왕 하투실리 사이의
>
> 영원한 평화와 우정을 위하여 조약을 맺는다.
>
> 두 나라는 평화가 맺어준 형제이며 이러한 관계는 영원히 지속될 것이다.
>
> 두 나라는 서로 침략하지 않을 것이며
>
> 상대의 한 치의 땅도 넘보지 않을 것이다.
>
> 만일 두 나라 중 어느 한 나라가 외적의 침입을 받아 도움을 요청한다면,
>
> 상대가 만족할 수준으로 군대와 전차를 보낼 것이다.
>
> 전쟁 중 도망간 병사는 본국으로 송환한다.
>
> 그러나 엄벌을 받지는 않을 것이며, 눈물을 흘릴 일도 없을 것이며,
>
> 그 앙갚음으로 달아난 병사의 아내와 아이들을 벌하는 일도
>
> 없을 것이다……

언뜻 보면 무심코 지나칠 수 있는 작은 유물이지만 점토판에 새겨진 조약은 기원전에도 문명국다운 갈등 해결 방식이 존재했다는 것을 보여준다. 조약은 전쟁 재발 방지를 위한 조치, 전쟁 포로 보상 문제, 송환된 포로와 그 가족들에 대한 인도적 배려, 제삼국의 침략을 받았을 때의 공동 방어 등을 명시하고 있다. 오늘날의 법을 기준으로 보아도 세련되고 정교한 합의를 담고 있다. 무엇보다 감동적인 건 포로로 잡혔다가 송환된 자국 병사와 그 가족들이 처벌받거나 불이익을 당하지 않게 한다는 규정이다. 전쟁 포로를 처형하고 생환되어도 변절자로 낙인찍거나 적과

내통했다는 이유로 처벌받는 것이 예사인 전후 처리 과정에서 인도적 배려를 명문화했다는 것은 눈여겨볼 만한 대목이다. '승자와 패자', '정복과 전멸'이라는 이분법이 득세하던 고대 사회에서 공존과 상생의 길을 선택하고 이를 항구히 지키기 위해 매우 구체적이고 실질적인 합의를 이끌어냈다는 사실에 숙연해진다. 카데시 조약의 인류사적 의미가 알려지면서 현재 확대된 점토판 사본은 유엔 본부 건물 벽면을 장식하고 있다. 역사란 참 아이러니하다. 카데시 전투가 벌어졌던 바로 그 무대가 오늘날 이스라엘과 팔레스타인 사람들이 첨예한 전쟁을 벌이고 있는 세계의 화약고가 되었으니……. 인류의 평화와 전쟁 없는 중동을 기원한다.

권위와 카리스마의 상징, 날개 달린 사자

고대 오리엔트 박물관에는 몸은 사자, 얼굴은 인간, 날개는 독수리인 날개 달린 사자의 부조가 유독 눈에 자주 띈다. 사자를 권력과 카리스마의 상징으로 맨 처음 받아들인 곳은 이집트였다. 이집트 문명에서 통치자 파라오는 태양신의 아들로서 본질적으로 천상의 카리스마를 갖고 있다. 그러나 지상을 통치하기 위해 지상 동물계의 최고 권력자인 사자의 힘과 권위를 필요로 했다. 그 결합체가 바로 사람과 사자를 접목한 스핑크스다. 당시 사람들은 사자를 한 몸체 안에 끌어들이는 순간 누구도 범접할 수 없는 초월적인 카리스마를 갖게 된다고 믿었다. 그때부터 스핑크스는 파라오를 지키는 수호신이 되어 동쪽을 향해 서 있다. 서쪽에 지은 파라오의 무덤, 피라미드를 지키기 위해서다. 고대 이집트인들에게 죽음을 상징하는 방향은 태양이 떨어지는 서쪽이었다. 피라미드가 남북으로 흐르는 나일 강 서쪽에 자리한 것도 이 때문이다.

스핑크스를 제대로 보기 위해서는 일출 시간에 맞춰 가는 것이 좋다. 사하라 사막에서 일출이 시작되면 첫 햇살이 정확히 스핑크스의 두 눈을 비춘다. 서서히 해가 떠오르면서 스핑크스는 더욱 밝아지고 동시에 피라미드의 동쪽 면이 붉게 물들기 시작한다. 피라미드의 사면은 정확히 동서남북 방향을 향하도록 설계했기 때문에 시간이 지나면서 피라미드의 색이 달라진다.

이러한 이집트와 달리 오리엔트는 전통적으로 달 문화권이다. 메소포타미아에서부터 달력을 중심으로 농사를 짓고 삶의 수학적 계산을 60진법에 맞췄다. 태양신 숭배 사상도 없고 하늘의 아들 파라오도 존재하지 않았다. 다만 신의 권한을 위임받은 지상의 통치자가 존재했다. 따

날개 달린 사자 | 이집트 파라오는 사자의 몸을 통해 카리스마를 표현했다. 오리엔트의 통치자들은 여기에 독수리의 날개를 더해 절대 권력을 드러냈다.

라서 그에게는 사자가 표상하는 지상의 카리스마와 함께 하늘의 권위도 필요했다. 하늘의 수장인 독수리의 모습을 지녀야 하는 이유다. 그리하여 인간의 몸에 사자가 섞여들고 독수리의 날개까지 달리게 된 것이다. 이 기본적인 형상은 히타이트, 아시리아, 메디아를 거쳐 기원전 6세기의 페르시아제국까지 이어진다.

영생을 꿈꾸는 권력자들의 바람이 담긴 연꽃

놀랍게도 이곳에서는 불교의 상징으로 여겨지는 연꽃 문양 장식을 고대 사자상이나 조각에서 쉽게 발견할 수 있다. 이 또한 이집트 문명이 오리엔트에 미친 영향으로, 원래 연꽃은 이집트 나일 강 하류에서 자생했다. 사방이 척박한 사막 기후에서 아름다운 꽃을 피우는 연꽃은 무엇을 상징할까? 이 오랜 의문은 이집트 룩소르 일대에 흩어져 있는 파라오 무덤들을 방문하면서 저절로 풀렸

대륙을 건넌 연꽃 | 기원전 3000년 무렵, 이집트가 영생을 꿈꾸며 새긴 연꽃은 오리엔트의 아시리아, 히타이트, 페르시아를 지나 간다라에서 불교의 상징이 되었고, 실크로드를 따라 5~6세기 삼국 시대 한국 땅에서 피어났다. 왼쪽부터 이집트의 카르나크 신전 연꽃기둥, 터키 유물에서 발견된 연꽃문양, 고려 유물 연화문전편.

다. 흔히 알려진 대로 연꽃은 한 줄기에서 꽃이 지면 또 다른 꽃이 피어나고, 진흙탕 속에서도 맑은 꽃을 피운다. 1년 365일 24시간 살아 있는 꽃으로 존재한다. 다시 말해 영원히 지지 않는 꽃이라는 연꽃의 상징성이 영생과 내세라는 기본 사상을 가진 파라오와 딱 맞아떨어져 상징으로 쓰인 것이다. 연꽃을 영생과 내세의 상징물로 최초로 받아들인 곳이 중국도 일본도 아닌 이집트인 것이다. 이집트 파라오의 무덤을 잘 살펴보면 벽면이 온통 연꽃으로 장식되어 있는 것을 알 수 있다.

이집트와 이웃한 오리엔트에서는 연꽃이 자생하지는 않지만 연꽃이 지닌 영생불멸이라는 신화적 의미는 그대로 전파되었다. 나아가 아시리아나 히타이트뿐 아니라 페르시아 궁전의 주춧돌에서도 연꽃 장식 조각을 발견할 수 있다. 제국 영속의 희망과 염원을 연꽃으로 표현한 것이다. 왕들의 무덤에도 예외 없이 연꽃 장식을 해놓았다. 영생을 꿈꾸지 않았던 절대 권력자가 어디 있으랴.

연꽃은 다시 이웃한 간다라, 지금의 파키스탄 인더스 강 중류 일대에도 영향을 미친다. 영생불멸의 문화적 상징을 받아들이면서 연꽃은 불교 문화권에 급속히 확산되었고, 불교의 가장 중심적인 상징이 되었다. 불교 사상의 근본도 윤회다. 간다라 불교는 실크로드를 따라 5세기경 우리나라까지 들어왔다. 이제 연꽃은 어느 불교 장식이나 행사에서도 빠질 수 없는 불교의 꽃이 되었다. 이집트의 연꽃은 기원전 3000년 무렵, 한국의 연꽃은 5~6세기, 이렇듯 3,500년의 간극이 있음에도 문화적으로 서로 연결되는 것이 놀랍다. 소위 말하는 '나비효과'라 할 수 있겠다. 한 곳의 연꽃 한 송이가 시공을 초월해 지구 반대편에 거대한 문화를 만들어냈으니.

알렉산드로스는 왜 '왕'이 아닌 '대왕'으로 불리는가

이스탄불 고고학 박물관 본관에 들어서면 바로 왼쪽 홀에 알렉산드로스 대왕의 석관이 있다. 안내 책자를 찾아볼 것도 없이 관람객이 가장 많이 몰려 있는 곳으로 따라가면 된다. 알렉산드로스 대왕의 석관과 마주하면 일단 그 엄청난 규모에 놀라고, 각 면에 새겨진 전투 장면의 입체감과 생동감에 또 한 번 입을 다물지 못한다.

알렉산드로스가 지휘하는 페르시아 전투가 절정으로 치닫고 있다. 창에 찔리고 말발굽에 짓밟힌 병사들의 비명 소리가 들판을 울리고, 붉은 선혈이 허공으로 튀고, 말들의 거친 숨소리가 들려온다……. 마치 세계 최초의 대제국 페르시아가 무너지는 역사의 현장에 서 있는 듯 전율이 인다. 지금은 탈색되어 원래의 색상을 떠올리기 쉽지 않지만 조각에 채색을 했던 흔적도 남아 있다. 빨강, 파랑, 노랑, 자주, 주홍, 감색에 흑색과 백색까지 골고루 사용되었다.

사실 기원전 336년, 스무 살에 마케도니아의 군주가 된 알렉산드로스가 세계 정복 전쟁을 수행한 햇수는 불과 13년, 페르시아를 점령한 건 불과 7년이었다. 제국이라 이름 붙이기엔 너무 짧고 초라한 성적표다. 그런데도 발칸반도의 마케도니아라는 한 보잘것없는 나라의 군주가 어떻게 인류 역사상 가장 위대한 정복자로 남게 되었을까? 왜 그를 왕이 아닌 '대왕The Great'이라 부르는 것일까?

발칸반도의 여러 작은 부족들을 통합한 알렉산드로스는 아버지 필리포스 왕의 사망으로 마케도니아의 왕위를 이어받는다. 당시 마케도니아 내에서는 먹고살 길이 막막했기에 그는 원정길에 올라 스러져가는 그리스를 정복한다. 그러고는 곧장 비옥한 토지와 풍성한 먹을거리가 기다리는 오리엔트로 향했다. 대제국 페르시아는 그리스와의 오랜 전쟁으로 이미 쇠락해가고 있었다. 알렉산드로스는 단 한 번의 전쟁으로 페르시아를 단숨에 무너뜨린다. 그에게 대항할 정치 세력은 지구상에 더 이상 존재하지 않았다. 그는 그렇게 가장 신속하고도 잔인한 정벌 전쟁을 이어간다. 페르시아 전쟁 이후 계속 수세적 입장에 있던 유럽 입장에서 알렉산드로스는 구세주나 다름없었다. 서양의 어떤 통치자나 장군도 이처럼 호쾌하게 동양을 유린하고 정복한 전례가 거의 없었기 때문이다. 그리하여 알렉산드로스는 마케도니아라는 한 나라의 왕을 넘어 위대한 정복자, '알렉산드로스 대왕'이 되었다.

그러나 정복 전쟁이 막을 내린 뒤 그의 나라는 지도에서 사라지고 그의 군대는 풍요로운 오리엔트 영토 곳곳에 녹아버렸다. 그가 죽고 난 뒤 마케도니아의 장군들은 아무도 본국으로 돌아가지 않고 정복지에 각자의 식민 국가를 건설했다가 얼마 못 가 하나씩 오리엔트의 토양에 묻혔다. 마케도니아를 떠나 페르시아를 멸망시키고 바빌론에서 죽기까지 불과 13년. 정복한 땅에 굳건히 뿌리 내리지 못한 제국과 함께 그의 시대는 그렇게 막을 내렸다.

서양의 역사가들은 알렉산드로스의 정복 전쟁을 통해 그리스 문명이 오리엔트로 전파됐다고 말한다. 소위 헬레니즘 시대를 열었던 역사적 계기로 알렉산드로스의 동방 원정을 꼽는 것이다. 헬레니즘이란 알렉산드로스의 원정을 통해 동양에 이식된 독특한 그리스 문화를 뜻한다. 수천 년에 걸친 탄탄한 영적, 문화적 하부 구조를 가진 오리엔트 문명에 그리스 문화가 완전히 녹아들 수는 없었다. 다만 전쟁이란 극적인 수단을

알렉산드로스 대왕의 석관 │ 본관 바로 왼쪽 홀에 있는 알렉산드로스 대왕의 석관과 마주하면 일단 그 규모에 놀라고, 채색 흔적이 선연한 부조의 역동성에 또 한번 놀란다. 스물을 갓 넘긴 알렉산드로스가 지휘한 전쟁의 절정, 대제국 페르시아가 무너지는 역사의 현장에 선 듯 생생히 표현되어 있다. 후일 이 관은 시돈의 왕 아브달로니모스의 관으로 밝혀졌다.

통해 두 문명이 총체적으로 접촉하면서 영향을 주고받았을 뿐이다. 인간 중심의 그리스 신관神觀과 사실적인 그리스 조각 양식이 기존의 은유적이고 상징적인 오리엔트 문화의 표현 방식을 흔들어놓았다는 말이 더 적절할 것이다. 특히 신의 형상을 직접적으로 표현하는 전통이 없던 불교 문화권 사람들로서는 사람의 몸을 근육 하나, 체모 하나까지 세밀하게 표현하는 그리스 미술을 접하고서 큰 충격을 받았을 것이다. 그리스의 미술을 받아들인 것도 종교 활동의 효율성 차원에서였다. 그 과정에서 동양의 영성적 삶에 서양의 기술이 결부되면서 새로운 미술 양식이 창조되었다. 부처가 한쪽 어깨에만 걸치는 그리스식 옷을 입은 서양인의 모습을 갖게 된 것이다. 교과서에서 말하듯 그리스 문화가 오리엔트에 일방적으로 전파되었다기보다는 예술과 미술 양식의 차원에서 필요에 따라 선택적으로 받아들여진 것이다.

헬레니즘이 인류역사에 큰 의미가 있는 것은 서양의 문명이 실크로드를 타고 동쪽 끝 우리나라까지 유입되었기 때문이다. 이는 부처의 형상에서 가장 잘 나타난다. 문명 전파의 흐름을 부처를 통해 확인할 수 있는 것이다. 알렉산드로스의 정복으로 인도의 불교는 변화했고, 간다라에서 새로운 불교문화가 꽃을 피울 수 있었다. 보리수 나뭇잎, 수레바퀴, 족적足跡, 스투파Stūpa(탑)를 통해 부처의 가르침에 다가가는 종래의 방식을 해체하고 부처의 형상화를 이룬 것이다. 불상은 중국 둔황을 거쳐 경주의 석굴암에 이르러 가장 동양적이고도 한국적인 모습으로 승화되었다. 석굴암 불상이 우리나라의 국보일 뿐 아니라 세계적으로도 가치 있는 유물인 이유가 바로 여기에 있다.

알렉산드로스 석관은 이스탄불 고고학 박물관의 건립자이자 19세기 오스만제국 최초의 고고학자였던 오스만 함디가 1867년 발굴한 네 개의 석관 중 하나다. 기원전 3000년 동 지중해 연안에서 제일 큰 항구 도시였던 시돈, 지금의 레바논 지역에서였다. 당시 세상을 놀라게 한 이 무거운 석관들을 철로를 깔아 동부 지중해로 실어 나르고, 다시 배에 실어 이스탄불로 옮겨왔다. 네 개의 석관 모두가 현재 이스탄불 고고학 박물관에 전시되어 있는데, 그중 하나의 석관에 알렉산드로스의 전투 장면이 부조로 조각되어 있다. 그래서 그 관을 '알렉산드로스 석관'이라 명명했다. 그런데 이것이 실은 알렉산드로스 석관이 아니라 시돈의 왕 아브달로니모스의 관으로 밝혀졌다.

전 세계적으로 알렉산드로스의 관으로 추정되는 석관은 일곱 개 정도라고 한다. 그의 죽음에 관해서는 인도 정복 이후 회군하다가 병을 얻어 지금의 이라크 남부인 바빌론 근처에서 사망했다는 추측만 있을 뿐, 어디에 묻혔다는 정확한 기록도 없다. 생각해보면 오히려 수도도 궁전도 없이, 전시 상황에서 무거운 석관을 짜서 이곳저곳으로 끌고 돌아다녔다는 것 자체가 현실적이지 않다. 석관 자체를 만들었는지부터가 의문이다. 그런데 2014년 8월, 그리스 북쪽 암피폴리스에서 알렉산드로스의 무덤으로 추정되는 거대 고분이 발굴되었다. 둘레가 497미터나 되는, 언덕 아래 숨겨진 거대 고분은 연대를 측정한 결과, 알렉산드로스의 사망 직후인 기원전 323년경의 것으로 밝혀졌다. 5미터 높이의 대리석 사자상이 무덤 위에서 포효하는 이 무덤의 주인이 과연 알렉산드로스일까? 앞서 말한 일곱 개의 석관과 마찬가지로 이것 역시 진짜가 아닐 가능성 또한 배제할 수 없다. 만약 아니라면, 알렉산드로스의 진짜 석관은 과연 어디에 있을까? 역사는 의문으로 시작되지만 결국 의문으로 남는 경우가 많다는 걸 다시 한번 느낀다.

저마다의 슬픔을 가진 사람들

이스탄불 고고학 박물관에서 내가 가장 압권으로 꼽는 유물은 알렉산드로스 석관 바로 옆에 전시된 슬픈 여인들이 조각된 석관이다. 석관을 장식한 전투 장면과 수많은 말과 통곡하는 사람들을 보아 왕이나 지체 높은 귀족의 관으로 보인다. 기원전 374~358년경의 시돈 왕 스트라톤의 무덤으로 추정되는 묘에서 발굴되어 시돈에서 이스탄불로 운반해 온 것이다. 대리석 석관 앞뒷면에 각각 6명, 양측에 3명씩 모두 18명의 여인들이 저마다의 슬픔을 드러내고 있다. 오른손으로 턱을 괴고 고뇌하는 여인, 오른손으로 가슴을 치며 울음을 참고 있는 여인, 두 손으로 얼굴을 감싸고 어찌할 바를 모르는 여인 등 절망과 슬픔으로 가득한 그 표정, 그 눈매를 볼 때마다 나도 함께 눈시울을 붉히게 된다. 어떻게 저토록 절제된 슬픔을 실제보다 더 실제처럼 대리석에 표현할 수 있을까. 영혼을 표현해내는 조각 예술의 백미다. 그중에서도 나는 특히 오른쪽에서 세 번째 여인에게 유독 연민을 느낀다. 이스탄불 고고학 박물관을 방문하면 어김없이 눈을 맞추고 바라보는 지인 같은 존재라고 소개할 만큼. 그녀 역시 나에게 무언의 시선으로 애틋한 사연을 털어놓을 것만 같아 오래도록 그 앞을 떠나지 못한다.

본관 2층에 전시된 고대 그리스 시대 묘지석 몇몇에는 부부, 형제, 군신, 부자 사이의 이별을 표현한 부조가 새겨져 있다. 그중 유독 내 시

슬픈 여인들이 조각된 석관 │ 대리석
석관 앞뒷면에 각각 6명, 양측에 3명씩
모두 18명의 여인들이 저마다의 슬픔을
드러내고 있다.

선과 발길을 묶어두는 조각이 있다. 병으로 세상을 먼저 떠나게 된 아버지가 사랑하는 아내, 어린 자식과 이별하는 장면이다. 이생에서의 마지막 순간, 손을 맞잡은 부부의 표정이 투박한 돌조각에 새겨져 절절하게 전해진다.

기원전 3세기경 오리엔트 그리스 문화권에서 흔히 발견되는 묘지석 조각은 당시의 시대 상황과 죽음에 대한 관념을 보여주는 소중한 사료다. 오리엔트의 죽음과 삶에 관한 관점은 아나톨리아 반도에서 뚜렷한 족적을 드러낸다. 육신은 썩어 사라져도 영혼은 살아남아 이생의 가족들과 교감한다는 사후관이 무덤 양식과 묘지석에 표현되어 있다. 이러한 사후관에 따라 영혼의 안식처인 석관 속에는 고인이 평소 사용하던 물건과 안락한 사후 세계를 염원하는 귀한 공물들을 함께 묻었다. 이런 장례 풍습 때문에 부유한 사람들의 석관은 도굴꾼은 물론이고 가난한 사

슬픈 이별을 묘사한 묘지석 부조 | 기원전 3세기경 오리엔트 그리스 문화권에서 묘지석 조각이 주로 발견되는데, 여기에는 육신은 썩어 사라져도 영혼은 살아남아 이생의 가족들과 교감한다는 당시 사후관이 담겨 있다.

람들도 노리는 약탈의 대상이었다. 더구나 약탈꾼들은 귀중품이나 좋은 옷가지만 챙기는 데 그치지 않고, 외지인의 무덤을 그대로 비워서 자신의 가족 무덤으로 썼다. 심지어 석관의 기둥과 장식물을 가져다가 도로의 표지석이나 건축 자재로 쓰기도 했다.

이러한 도굴과 약탈이 만연하자 당시 당국은 왕과 귀족의 석관을 보호하기 위해 두 가지 긴급 조치를 취했다. 하나는 무덤 도굴꾼들에게 내리는 벌금형으로, 벌금액이 컸고 도굴꾼을 신고하는 사람에게도 후하게 보상을 해주었다. 또 하나는 석관에 저주 장식을 새기는 것이다. 이 조치를 통해 석관에 함부로 손을 대는 자를 향한 저주 문화가 오리엔트 석관의 가장 큰 특징으로 자리 잡았다. 가족들은 고인의 석관을 밀봉하면서 도깨비 같은 흉측한 동물을 벽사辟邪의 상징으로 동원했고, 구체적인 저주 문구를 신의 이름으로 새겨두었다. "무덤을 도굴하는 자에게 신은 고통스러운 죽음, 가족을 잃는 슬픔, 질병과 사고, 고아가 되는 불운을 내린다."

석관의 저주 양식은 프리기아에서 출발해 아나톨리아 전역에 널리 퍼졌다. 저주를 표현하는 아나톨리아 일대의 장식 예술은 또 다른 조각 장르라 일컬어질 만큼 보편화되었고, 훗날 3세기 로마의 장례 문화에도 영향을 끼쳤다. 저주 문화는 일반 대중 사이에서도 유행하면서 기독교도와 유대인의 석관 장식과 묘지석 문화로까지 이어졌다.

그리스보다 그리스 유물이 많은 이스탄불 고고학 박물관

그런데 터키의 고고학 박물관에는 왜 그리스 유물이 이렇게 많을까? 본토인 그리스보다 그리스 유물이 더 많다고 해도 과언이 아니다. 말로만 듣던 트로이 지방의 발굴품도 모두 이곳 터키에 있다. 터키 땅은 예전에 그리스 식민지 가운데 하나인 이오니아였고, 오늘날엔 이 지방을 소아시아라 부른다. 고대의 문명과 기술이 거의 그대로 남아 있는 아시아의 축소판, 소아시아야말로 메소포타미아 문명 이후 오리엔트 문명을 이룬 오랜 역사와 인류의 지적 유산이 뿌리를 내린 곳이다. 기원전 3000년경부터 축적되어온 오리엔트 문명이 그리스 식민 시대를 거치면서 아테네로 전해져 기원전 6세기에 그리스 문명을 꽃피우는 토대가 된 것이다. 이는 바로 소아시아의 이오니아 지방, 지금의 터키 영토가 메소포타미아 문명 이후 아카드, 바빌로니아, 히타이트, 트로이, 프리기아, 아시리아, 리디아, 그리스, 페르시아로 이어지는 문명의 흐름의 주된 줄기였음을 의미한다.

과연 오리엔트에서 그리스로 전해진 지적 결실은 어떤 것들이었을까? 우선 그리스 문학의 금자탑인 《일리아드》, 《오디세이아》의 저자 호메로스, 역사학의 아버지 헤로도토스, "만물의 근원은 물이다"를 주장했던 철학자 탈레스, 의학의 아버지 히포크라테스, 지리학의 대가 아낙시메네스, 견유학파의 디오게네스, 희극시인 디필로스, 지리학자 스트라본 등과 같은 그리스 학문의 대가들이 모두 오리엔트 소아시아인들이다. 아리스토텔레스가 공부를 한 철학의 본고장 밀레투스도 소아시아에 있다. 아리스토텔레스의 이원법과 변증법의 기초는 오리엔트 사상에 뿌리를 두고 있을지도 모른다.

이스탄불 고고학 박물관에 있는 신들의 조각 │ 이스탄불 고고학 박물관에는 왜 그리스 유물이 이렇게 많을까? 이는 우리가 그리스 사람이라고 알고 있는 이들이 지금의 터키 땅에서 태어났고 활동했기 때문이다. 《오디세이아》를 쓴 호메로스, 역사의 아버지 헤로도토스, 철학자 탈레스, 의학의 아버지 히포크라테스가 태어났고, 아리스토텔레스가 공부를 했던 철학의 본고장 밀레투스, 트로이 유물이 발굴된 곳도 모두 터키 땅이다.

3,000년 동안 쌓아온 오리엔트의 지식 창고가 없었다면 그리스 문화는 제대로 꽃피우지 못했거나 지금과는 성격이 상당 부분 달랐을 것이다. 그리스의 폴리스는 인구 2,000명 규모의 마을인데, 산악 지대여서 서로 독립적이었다. 예술 면에서는 창의성과 무한의 상상력을 발휘하는 데는 유리한 지형이었지만, 지식이나 문화를 체계화하고 축적해 전파하는 데는 오리엔트에 비해 한계를 가질 수밖에 없었다. 이와 달리 오리엔트는 수많은 나라들이 경쟁하면서 차차 제국화가 진행되었기 때문에 문명과 기술의 축적이 보다 유리했다. 이것이 아테네 고고학 박물관 못지않게 이스탄불 고고학 박물관에서도 많은 그리스 유물을 감상할 수 있는 배경이다.

　　이스탄불 토박이라도 고고학 박물관에 한 번도 가본 적이 없는 이들이 태반일 것이다. 마치 서울에서 나고 살면서 경복궁을 제대로 보지 못한 것과 같다고 할까. 100번 넘게 이스탄불에 왔던 나조차 아직 채 절반도 못 보았을 만큼 엄청나게 유물이 많은 이스탄불 고고학 박물관이 유럽의 박물관들과 가장 다른 점은 유물이 발견된 현장에 자리하고 있기에 시대와 사건을 생생히 복원할 수 있다는 점이다. 터키인들이 발 디디고 있는 땅이 바로 메소포타미아, 히타이트, 아시리아, 프리기아, 그리스, 로마, 비잔틴, 셀주크, 오스만이라는 5,000년 역사의 무대이기 때문이다. 20세기, 독일이나 프랑스 등의 유럽 선진국에서 터키의 유물을 반입해 자국에서 관리했기에 오히려 효과적으로 유물을 보존할 수 있었다는 주장은 옳다. 하지만 유물이란 그 시대, 그곳에 살았던 사람들의 족적이 남아 있는 곳에 전시되었을 때 보다 큰 의미와 생명력을 갖는 것이 아닐까. 역사의 현장을 지키고 있는 유물의 가치를 효율성이라는 잣대만으로 매길 수는 없음을 이스탄불 고고학 박물관 한 곳을 둘러보는 것만으로 충분히 이해할 수 있다.

02

916년은 교회로, 481년은 모스크로,
공존과 화해의 1,500년 역사

성 소피아
박물관

NBUL

'아야 소피아', '하기아 소피아'로도 불리는 성 소피아 성당은 6세기 비잔틴제국의 전성기를 이끌었던 유스티니아누스 대제가 532년 2월 23일부터 537년 12월 27일까지 5년 10개월이라는 최단 기간 동안 완공한 비잔틴 역사의 금자탑이다. 특별한 유물을 전시하는 박물관이 아니라 건물 자체가 박물관인 곳으로 관광객이 가장 많이 찾는 교회이기도 하다. 16세기 초까지 세계에서 가장 큰 예배당이었던 이곳은 그리스정교의 총본산이라는 종교적 의미뿐만 아니라 비잔틴 건축의 교과서라는 건축사적 의미도 갖는다. 중앙 돔에 수많은 보조 돔을 사용한 성 소피아 성당의 비잔틴 양식은 훗날 모스크를 비롯한 이슬람 건축 양식에 지대한 영향을 끼쳤다. 외관이 보여주는 투박한 장엄함은 건물 안으로 들어가면 알 수 없는 경외심으로 바뀐다. 56미터나 되는 높은 천장을 향해 고개를 드는 순간, 신의 음성이 들리는 듯하다. 아무런 지지대와 기둥 없이 지은 중앙 홀은 수천 명은 족히 수용할 수 있는 넓은 광장이다. 지금도 계속 보수 작업을 하고 있지만, 1999년 8월 이스탄불 근교를 강타해 수만 명의 희생자를 낸 대지진은 물론 1,000번 이상의 크고 작은 지진에도 끄떡없이 버텨낸, 가히 신의 작품이라 할 만한 건축물이다.

역사적 순간들을 목격한 성 소피아 박물관

인류 최고의 건축 작품을 보기 위한 세계인들의 발걸음이 끊이지 않는 곳이지만, 나는 성 소피아 박물관에 올 때마다 두 가지 슬픈 사건이 떠오른다. 역사적으로도 수없이 조명되는 1204년 성 소피아 성당의 수난과 1453년 콘스탄티노플의 함락이다.

1202년, 예루살렘으로 진격하기 위해 베네치아에 집결한 십자군들은 항해 비용을 조달한다는 명분으로 같은 기독교 국가이자 십자군에 동참한 헝가리 도시 자라를 공격했다. 십자군 원정의 속셈을 드러낸 명백한 증거이자, 십자군 전쟁이 전혀 다른 방향으로 흘러가리라는 것을 보여주는 서막이었다. 두 번째 야욕의 대상은 지금의 이스탄불인 콘스탄티노플이었다. 애초에 성지 예루살렘이 아닌 부유한 콘스탄티노플의 재화를 노렸던 제4차 십자군 원정대는 비잔틴제국의 왕권 경쟁에서 실패한 알렉시오스 4세와 짜고 콘스탄티노플을 공략했다. 그 조건으로 왕위 복위를 원했던 알렉시오스 4세는 십자군 측에 거액의 돈과 비잔틴제국의 영혼인 그리스정교를 로마에 복속시키겠다는 굴욕적인 교회 통합을 약속했다. 그러나 십자군의 도움으로 왕위를 찬탈한 알렉시오스 4세는 약속대로 재화와 교회를 통째로 바치지 않았다. 결국 그는 1204년 1월, 나라를 팔아먹은 황제에 대항해 봉기한 시민들의 돌에 맞아 비참한 최후를 맞았다.

약속 불이행에 분개한 십자군 병사들은 직접 콘스탄티노플을 공격했고 1204년 4월 13일, 그렇게 콘스탄티노플은 점령되었다. 십자군은 잔혹한 학살과 철저한 약탈을 자행했다. 첫 번째 대상이 성 소피아 성당

성 소피아 박물관 전경

이었다. 모든 성화와 성물을 부수거나 약탈했고, 저항하는 성직자들을 교회 안에서 무자비하게 도륙했다. 수녀들과 여인들은 성스러운 제단 앞에서 겁탈당했다. 제4차 십자군 전쟁에 참전한 비잔틴제국의 역사가조차 "세상이 창조된 이래 그처럼 어마어마한 전리품을 한 도시에서 얻은 적은 없었다"라고 토로할 정도였다. 성 소피아 성당은 매춘굴과 마구간으로 전락했고 이는 가장 치욕스러운 역사의 순간이었다.

십자군들이 탐욕의 횃불을 치켜들고 몰려오던 1204년은 이미 동서 교회가 분리된 이후였다. 십자가와 예수의 성화, 성모마리아의 초상 등을 교회의 상징으로 볼 것인가, 아니면 우상숭배의 한 형태로 볼 것인가에 대한 관점 차이에서 시작된 수백 년에 걸친 교리 논쟁 끝에 1054년, 드디어 로마 가톨릭과 그리스정교는 서로 갈라섰다. 십자군들에게 성 소피아 성당은 더 이상 종교적 성소도 문화적 유산도 아니었다. 철저히 파괴하고 유린해야 할 이교도의 구심체일 뿐이었다. 가능한 한 가장 치욕스러운 방식으로 그들을 모멸하고 싶었을 것이다.

그런 역사를 겪었기에 그로부터 250년이 지난 1453년, 콘스탄티노플이 이교도들에게 함락당하기 직전, 교황이 로마 가톨릭을 받아들이는 조건으로 십자군 파견을 제안했을 때 비잔틴제국 사람들은 단호히 이를 거부했다. 터번을 둘러쓴 이교도의 지배를 받는 한이 있더라도 비굴하게 로마 교황청의 도움을 받지 않겠다는 뜻이었다. 결국 비잔틴제국은 마지막 황제 콘스탄티누스 11세를 중심으로 끝까지 항전하여 자존심을 지키는 대신 멸망의 길을 걸을 수밖에 없었다.

1453년 5월 27일, 그날은 일요일이었다. 성 소피아 성당에서는 비잔틴제국의 마지막 미사를 올리고 있었다. 오스만제국과의 힘겨운 전쟁 막바지에, 콘스탄티노플 함락이 목전에 닥친 절박한 상황에서 콘스탄티누스 11세를 비롯해 당시 성안에 머물던 3,000명의 그리스 시민들이 모였다. 황제는 아직 시간이 남아 있을 때 성을 탈출해 후일을 기약하라는 신하들의 간청을 물리치고 미사에 참석했다. 성찬식을 마치고 황제는 물론 모든 그리스 병사들이 가족들과 마지막 작별 인사를 했다. 그러고는 목숨을 신께 바친 채 콘스탄티노플과 운명을 함께하기 위해 각자 자기 자리로 돌아갔다. 이틀 뒤인 5월 29일 낮, 결국 톱카프 성벽이 무너지면서 도시는 오스만제국의 젊은 술탄 메흐메트 2세에게 정복되었다. 성소피아 성당은 오스만제국의 모스크가 되었고, 지금은 어떤 종교 의식도 허락되지 않는 박물관으로 남아 있다. 그리스인들에게 성 소피아 성당은 그리스정교회의 중심지이자 총본산으로 언젠가는 꼭 되찾아야 할 비극의 대상이지만, 터키인들은 자랑스러운 정복의 상징이자 자부심으로 자축하고 있다. 역사는 이렇게 서로 다른 이해관계의 교집합으로 이루어진다.

하늘은 둥글고 땅은 네모나다

성 소피아 성당은 6세기 유스티니아누스 대제 때 완공된 것이지만 그 이전, 또 그보다 더 이전에도 종교 건축이나 그리스 신전이 존재했었다. 알려진 역사만 해도, 360년 콘스탄티우스가 처음 성 소피아 성당을 지었으나 불타 없어지고 테오도시우스 재위 때 재건했는데 532년 니카 반란 때 다시 한번 불타버렸다. 지금의 건축 형

수천 명은 수용할 수 있는 성 소피아 박물관 중앙 홀 │ 아무런 지지대와 기둥 없이 높이 56미터, 직경 31미터 크기의 돔을 만든 당시 건축술이 놀랍다.

태는 537년 유스티니아누스 대제 때 지은 모습이 바탕이 되었다.

　유스티니아누스 1세는 즉위 후 국가의 자존심을 회복하려고 성 소피아 성당을 웅장하고 화려하면서도 완벽하게 재건할 것을 요청했다. 그 설계를 당대의 뛰어난 수학자 안테미오스와 물리학자 이시도로스에게 맡겼다. 새 황제는 고대 이스라엘 왕국의 왕 솔로몬의 신전을 능가하는 교회를 짓겠다는 포부를 실행에 옮겨, 지상에 존재하는 온갖 재료와 기술, 지식을 총동원했다. 로도스 섬에서 가져온 물에 뜨는 가벼운 벽돌, 지중해 서부 채석장의 화산재, 물과 생석회를 섞어 만든, 경량 콘크리트 포졸란pozzolan을 건축 자재로 사용할 정도였다. 당시 기술로는 놀랍게도 내진 설계용으로도 제작된 포졸란은 지진 지대인 이스탄불에서 더욱 진가를 발휘했다고 한다.

　성 소피아 성당 건축의 미학적 목표는 로마의 판테온과 같은 돔형 천장이 있는 건물을 모방하면서도 훨씬 발전된 건축 형태를 창안해내는 것이었다. 이에 따라 '하늘은 둥글고 땅은 네모나다'라는 그리스도교의 우주관이 드러나도록 네모난 건물 위에 둥근 돔 모양의 지붕을 얹기로 한다. 건축 기술의 핵심은 거대한 반구형인 중앙 돔의 무게를 어떻게 버티느냐였다. 연구 끝에 결국 높이 56미터, 직경 31미터가 넘는 돔의 엄청난 무게를 30.5미터 폭의 대형 아치 네 개로 지탱하고 여러 개의 작은 보조 돔으로 하중을 분산시키는 방식을 채택했다. 1만 명 이상의 인력을 동원하고 14만 5,000킬로그램의 금을 쏟아부은 유스티니아누스의 꿈은 6년 만에 대성당을 완공하며 이루어졌다. 드디어 537년 12월 27일에 거행된 헌당식에서 유스티니아누스는 "솔로몬이여, 내가 그대를 이겼노라!"라며 감격을 토로했다고 전해진다.

공존과 통합의 상징

육중한 철문을 열고 성당 안으로 들어서면 '황제의 문'이 기다리고 있고, 문 위쪽 벽면에서 빛을 받아 더욱 성스럽게 여겨지는 레오 6세의 황금 모자이크가 반겨준다. 성 소피아 박물관이 아직 모스크로 사용되고 있었을 1933년에 발견해 복원했다고 한다. 문 가운데에는 인간적인 위엄을 갖춘 그리스풍의 예수가 앉아 있는데 왼손에는 그리스어로 "그대에게 평화가 함께할지니, 나는 온 세상의 빛이로다"라는 구절이 새겨진 성서를 들고 있다. 문 오른쪽 아래에는 레오 6세가 무릎을 꿇고 예수의 축복을 받는 모습이 모자이크로 묘사되어 있다. 그 문 안으로 들어서면 본당 중앙 홀이다.

중앙 홀에 들어서면 왜 성 소피아 성당이 이집트의 피라미드, 로마의 콜로세움, 중국의 만리장성 등과 함께 세계 7대 불가사의로 꼽히는지 알 수 있다. 건물 20층 높이에 해당하는 중앙 돔은 정확한 원형이 아니라 약간 타원형인데, 하중을 분산시켜 붕괴를 막기 위해 시공 중에 살짝 틀었다고 한다. 동서 길이 77미터, 남북 길이 71.7미터로 정사각형에 가까운 중앙 홀은 한 바퀴 획 둘러보는 데만도 한참이 걸릴 만큼 넓다. 거대한 돔을 중간에 받치는 기둥 하나 없이 주변 벽으로만 지탱하는 기술은 현대의 건축술로도 실현해내기 어려운 것이기에 더욱 극찬을 받고 있다.

돔과 돔 사이를 받치는 네 개의 벽면 가운데에는 최고 품계의 치품천사, 세라핌Seraphim이 여섯 개의 날개를 펼친 채 아래를 내려다보고 있다. 본당 중앙 쪽에는 메카의 방향을 표시하는 일종의 벽감인 미흐랍Mihrab이 자리를 지키고 있다. 담담하게 자신의 신을 향해 제 역할을 다하기 위해 만반의 준비를 하고 있는 듯 보인다. 미흐랍 오른쪽에는 이슬람의 금요일 예배를 위한 설교단, 민바르Minbar가 계단을 따라 솟아 있다. 모든 동방 교회가 그렇듯이 성 소피아 성당의 예배당도 해가 뜨는 정동쪽을 향해 있다. 그런데 이곳을 이슬람 모스크로 사용하게 되면서 방향이 문제가 되었다. 모든 모스크는 메카를 향하도록 지어야 했기 때문이다. 이런 이유에서 성 소피아 성당의 미흐랍만큼은 동남쪽을 보도록 설치되었다.

다시 주위를 둘러보면 본당을 받치고 있는 대리석 기둥들의 모양과 색깔이 저마다 다른 것을 알 수 있다. 제국 곳곳의 신전과 궁전터에서 날라 온 기둥들이기 때문이다. 비잔틴제국 전성기의 위용을 뽐내기라도 하듯 제국 전역에서 최고로 좋은 재료만 골라 사용했다. 카파도키아의 상아색, 프리기아의 분홍색, 테시리아의 초록색, 리비아의 황금색, 프로크네소스의 하얀색 대리석이 골고루 쓰였다. 고대 그리스 로마 신전에서 뽑아 온 기둥들도 보인다. 포세이돈 신전에 사용되었던 두 개의 기둥도 가져왔다. 그런데 놀랍게도 각 기둥에는 유스티니아누스와 황후 테오도라의 표식을 찾을 수 있다. 이름을 남기고자 하는 열망을 새겨 넣은 것이다. 이렇듯 시대를 달리하는 각양각색의 기둥과 독특한 장식들로 꾸민 콘스탄티노플 대성전은 열주 박물관 같다는 생각이 들 정도로 다양하고 화려하다.

이제 2층으로 통하는 '황제의 길'을 오른다. 황제는 입구에 있는 본당 문으로 평생 단 한 번, 바로 자신의 대관식 날에만 들어갈 수 있었다. 다른 예배 때는 별도의 길을 통해 2층으로 향했다. 2층 길은 계단 대신 편편하게 돌을 깔아놓았는데, 시종들이 가마를 어깨에 메고 오를 때 황

본당의 대리석 기둥들 │ 제국 곳곳의 신전과 궁전터에서 최고만을 골라온 것이기에 모양과 색깔이 다양하다.

제가 느낄 흔들림을 줄이기 위해서였다고 한다. 황제나 황후를 위한 배려 덕에 우리도 편하게 오를 수 있게 되었다.

　황제와 황족들이 예배를 드렸다는 2층 중앙 홀에 서면 정면의 성모 마리아 상과 함께 아래층 회랑에서 벌어지는 온갖 광경이 한눈에 들어온다. 황제와 황후가 예배를 보던 2층 회랑에는 목조 서까래가 있는데 철처럼 색칠을 했다. 매우 드문 경우다. 오른쪽으로는 별도의 조그만 문이 난 하얀색 대리석 문이 있는데 얼핏 보면 목조 대문처럼 하얀 칠을 해놓았다. 그 문 너머에 좁은 비밀 출구가 따로 나 있다. 황제를 노리는 암살에 대비한 안전장치로, 적들이 들이닥치면 황제는 재빨리 그 좁은 문으로 들어가 비밀 출구로 피신할 수 있었다. 적들이 나무 문인 줄 알고 대리석 문을 부수는 동안 시간을 벌려는 탈출 전략이 깔린 건축이었다고 한다. 그리고 2층 벽면 중간중간에는 유리를 끼워 넣었던 흔적이 있는데 지진이나 건물 붕괴를 예고하기 위한 장치라고 한다. 지금은 유리가 모두 깨져 있는데 건물의 균형이 뒤틀렸다는 증거다. 그러고 보니 1년 내내 성 소피아 박물관은 복원 작업 중이다.

돔 천장에는 코란 구절이 프레스코화처럼 쓰여 있다. 최고의 예술적 아름다움을 지닌 이슬람 서체 '하트hat'는 15세기, 중세 이슬람의 서체 예술을 확인할 수 있게 해주는 매우 귀중한 유산이다. 이를 보존하기 위해 1938년 이후 성 소피아 박물관의 기독교 유산 복원 과정에서도 천장에 남아 있을 예수 성화의 복원을 위해 코란을 훼손하지 않았다. 이슬람 문화의 흔적 역시 500년의 세월을 거치면서 또 다른 소중한 인류 문

중앙 돔 천장 | 코란 구절이 프레스코화처럼 쓰여 있다.

54

2층 중앙 홀 벽면 기둥 위쪽 │ 알라, 무함마드, 아부 바크르, 오마르, 오스만, 알리 등 초대 칼리프들과 알리의 두 아들인 하산, 후세인의 이름이 아랍어 동판에 새겨져 있다. 수니파의 핵심 제국인 오스만 왕조의 모스크에 시아파 후계자의 이름이 모두 보인다. 이슬람 두 종파가 함께했다는 증거이기에 더욱 의미 있다.

화유산이 되었기 때문이다.

2층 중앙 홀 벽면 기둥 위쪽에는 알라, 무함마드(마호메트), 아부 바크르, 오마르, 오스만, 알리 등 초대 칼리프들과 알리의 두 아들인 하산, 후세인의 이름이 아랍어 동판에 새겨져 걸려 있다. 무함마드의 네 번째 후계자인 알리에 이어 순교한 그의 두 아들을 기리는 전통은 시아파의 특징이다. 수니파의 핵심 제국인 오스만 왕정이 지은 모스크 실내에서 하산과 후세인을 기리는 동판을 보다니. 후계자의 선출을 주장하는 수니파는 무함마드의 후계자로 선출된 아부 바크르, 오마르, 오스만, 알리

55

를 모두 인정하는 데 반해 무함마드의 혈통 승계를 주장하는 시아파는 무함마드와 그의 사촌동생이자 사위인 알리, 그리고 그 아들들인 하산과 후세인만을 후계자로 인정한다. 그런데 성 소피아 성당에서 이들 후계자의 이름이 모두 걸려 있는 것을 보면, 종파를 초월한 오스만제국의 통합 정책이 표현된 것이 아닌가 싶다. 그러고 보니 성 소피아 성당은 서로 다른 두 종교의 공존뿐만 아니라 이슬람 두 종파의 통합을 가져온 곳이기도 하다.

아랍어 동판의 크기 또한 어마어마하다. 복원 과정에서 이를 해체해 다른 곳으로 옮기려 했으나 직경이 7.5미터로 매우 커서 성당의 어떤 문으로도 나갈 수 없었다고 한다. 이 말인즉 동판을 성 소피아 성당 내부에서 제작했다는 뜻이므로, 결국 처음 만들었던 그 자리에서 그대로 보존하고 있는 셈이다.

기독교 성화를 보호한 이슬람

지금은 흔하게 볼 수 있는 기독교를 상징하는 십자가, 예수와 성모마리아를 그린 성화 등은 처음에는 기독교 세계 내에서 조롱당하고 배척당했다. 특히 성 소피아 성당이 있는 동로마 교회에서 심하게 항거했다. 여기에는 이유가 있었다. 476년, 로마 교황청은 로마를 멸망시킨 게르만인들을 기독교의 품안에 끌어안기 위해 갖은 애를 썼지만 개종은 더디기만 했다. 모든 사물에 영적 신비가 깃들어 있다는 믿음에서 자연물을 숭상하는 게르만인에게 유일신 사상과 예수를 통한 구원의 개념은 먹혀들기 어려운 과제였다. 그래서 십자가라는 표식과 성화, 성물 등을 통한 개종이 시도되었다. 보이지 않으면 믿지 않는 게르만인들은 인간의 원죄를 대신 짊어지기 위해 십자가에 못 박히는 구세주 예수와 어머니 마리아의 모습을 보고 감동받고 크게 동요했다. 게르만인들에게 기독교의 가르침을 가장 효율적으로 전파하기 위해 예수와 마리아는 푸른 눈과 금빛 머리칼의 백인으로 묘사되었다. 철저히 게르만인들의 모습으로 표현되었던 것이다. 유대인 예수의 원래 모습은 사라지고 오늘날의 기독교 표준 성화가 탄생한 배경이다.

한편 325년 이후 콘스탄티노플에 자리 잡은 동로마 교회는 이런 행태를 이교도에 영합하는 우상숭배 행위로 보고 강하게 비판했다. 하느님의 뜻을 전하는 상징적인 수단을 넘어, 십자가 앞에 공물을 바치고 예수와 마리아의 초상 앞에 음식과 꽃을 바치며 성공과 승리를 기원하는 행태는 자연물을 신앙하는 또 다른 애니미즘으로 보였기 때문이다. 이로부터 400년간 두 교회 진영은 성화와 성물이 우상숭배냐 아니냐를 두고 논쟁을 벌였다. 결국 834년의 종교회의를 통해 동로마 교회에도 성화, 성물의 제작과 표현이 허용되었지만, 이때 깊어진 감정의 골은 결국 1054년에 로마 교회가 동로마와 서로마로 갈리는 배경이 되었다. 이때부터 동로마 교회는 그리스정교로 불리게 되었고, 이 갈래에서 러시아정교, 아르메니아 사도교회, 조지아정교 등이 생겨났다. 따라서 성 소피아 성당의 모든 모자이크나 프레스코 성화와 성물들은 834년 이후에야 생겨날 수 있었다.

그렇다면 우상숭배를 철저히 금하는 이슬람에서 그토록 경멸하는 인물 성화를 왜 그동안 파괴하지 않았을까? 성 소피아 성당을 처음 손에 넣은 메흐메트 2세는 그 아름다움에 압도당한다. 그렇기에 모스크로 바꾸면서도 기독교 성화를 훼손하지 않은 채 하얀 천을 덮어놓고 의례를 행한 것이다. 그러나 이슬람 정신이 최고 절정기에 이른 술레이만 시대에 기독교 성화는 회칠로 가려졌다. 11세기까지 로마의 가톨릭과 우상숭배 논쟁으로 격돌하면서 무자비한 성상 파괴 운동을 벌였던 비잔틴제국. 그러한 비잔틴제국의 종교적 요람이 이슬람으로부터 보호받는 것이야 말로 역사적 아이러니가 아닐까. 이는 성 소피아 성당 자체가 문명의 공존과 협력의 산실로 기억되고 보존되어야 하는 이유이기도 하다.

되살아난 모자이크의 신비

1923년 오스만 왕정이 무너지고 터키공화국이 수립되자, 그리스를 중심으로 한 유럽 각국은 성 소피아 성당의 반환과 종교적 복원을 강력히 요구했다. 그러자 터키공화국의 아타튀르크 대통령은 1935년 성 소피아를 성당도 모스크도 아닌 박물관으로 지정했다. 일체의 종교의식이 금지된 인류의 공동 문화유산으로 선포한 것이다. 그때부터 본격적으로 성당의 복원 작업에 착수했다. 그 덕분에 회칠로 덮여 있던 비잔틴 시대의 성모와 예수 등의 황금빛 모자이크들이 되살아났다. 나와 다른 가치, 나와 다른 종교를 끌어안은 오스만 대제국의 용광로 정신을 깨닫게 해준 역사적 사건이다. 그렇기에 공존과 화해의 학습장이 된 성 소피아 성당을 유네스코 세계문화유산으로 지정하는 데 주저할 이유가 없었다.

그렇게 복원된 모자이크는 성 소피아 곳곳에서 빛을 발하고 있다. 1층 본당에는 불빛을 받아 찬연하게 빛나는 성모와 아기 예수의 황금 모

본당 천장의 성모마리아와 예수 | 916년 동안은 교회였고 481년 동안은 모스크였던 성 소피아를 박물관으로 선포한 1935년부터 성화들도 복원되었다. 이슬람의 종교적 징표들 사이로 찬연히 얼굴을 드러낸 금빛 예수와 성모마리아를 보면서 종교란 과연 무엇일까에 대해 생각하게 된다.

자이크가 나를 내려다보고 있다. 황금빛을 배경으로 짙푸른 옷을 걸치고 앉아 있는 인자한 성모의 손이 무릎을 드러낸 아기 예수의 오른쪽 어깨 위에 놓여 있다. 성화와 성물이 우상이냐 아니냐를 두고 벌어진 격렬한 논쟁 끝에 867년에 처음으로 시도된 인물 성화라고 한다. 이 모자이크를 눈여겨보면 원근화법을 사용했다는 것을 알 수 있다. 원근 기법이 15세기 르네상스를 통해 처음 가능했다고 주장되지만 이미 비잔틴제국 시대에 기본 기법으로 자리 잡았던 것이다.

2층 벽면에도 가득 새겨진 수많은 모자이크 성화는 미국 고고학 팀

데이시스 모자이크 | '데이시스'란 간청, 애원이란 뜻으로, 심판자 그리스도께 죄인의 벌을 가볍게 해달라고
요청하는 성모마리아와 세례자 요한을 묘사한 작품이다.

이 회칠을 벗겨내고 복원했다. 그 중에서도 데이시스deesis 모자이크가 단연 돋보인다. 제4차 십자군 전쟁으로 빼앗긴 콘스탄티노플을 탈환한 1261년 비잔틴 황제 미하일 8세의 명으로 제작되었다. 예수 그리스도를 중심으로 좌우에 성모마리아와 세례자 요한을 묘사했는데, 왼쪽 창의 빛에 따라 모자이크의 색감 향연이 펼쳐진다. 2층에는 이런 성화에 가려 놓치기엔 아까운 유적 하나가 있다. 바로 제4차 십자군 전쟁의 베네치아 사령관이었던 헨리쿠스 단돌로Henricus Dandolo의 무덤이다. 이곳에서 1205년 사망한 잔혹한 가해자는 관이 파헤쳐지고 유골이 들개들에게 뿌려지는 수모를 겪었지만 여전히 이 자리를 지키고 있다. 헨리쿠스의 무덤이 성 소피아 성당 안에 안치되어 있다는 사실은 쉽게 이해가 가지 않지만 이를 보며 아픔은 아픔 그대로, 영광은 영광 그대로 역사로 기억하고 간직해야 한다는 가르침을 다시 한번 확인한다.

성 소피아 박물관에는 종교와 인종을 초월해 세계 각지에서 수많은 사람들이 몰려든다. 들려오는 관광 가이드의 언어 수만 해도 헤아릴 수 없을 정도다. 그들은 알라와 무함마드라는 이슬람의 종교적 징표들 사이로 찬연히 얼굴을 드러낸 금빛 예수와 성모마리아를 보면서 어떤 생각에 잠길까. 종교란 과연 무엇일까. 아마도 인간 자신의 미약함을 깨닫고 스스로를 낮추어 신을 온 마음으로 받드는 지극한 겸손함에서 시작된 게 아닐까. 916년 동안은 교회로, 481년 동안은 모스크로 존재한 이곳에서는 이슬람교와 기독교가 조화를 이루며 수백 년을 함께하고 있다.

03

600년간 세계를 호령한
오스만제국의 심장

톱카프 궁전
박물관

그리스 로마 문명으로 점철된 유럽국가의 문화유산이 아닌 터키인들이 만든 600년 역사의 현장, 터키인들 자부심의 원천을 발견할 수 있는 곳. 톱카프는 단순한 박물관이 아닌 오스만제국의 왕궁이다.

터키 여행의 하이라이트라고 할 수 있는 톱카프 궁전 박물관은 성 소피아 박물관과 동쪽으로 맞닿아 있다. 성 소피아 박물관을 나와 동쪽 돌길을 따라 성당의 경계가 끝나는 지점에 이르면 요새 같은 성벽을 만나게 된다. 요새 위쪽에 뚫린, 대포를 쏘던 총안 때문에 대포의 문이라는 뜻의 '톱카프Topkapı'란 이름이 붙었다고 한다. 성 소피아와 톱카프 사이에는 얼핏 보아도 예사롭지 않은 화려한 건물 하나가 자리하고 있다. 술탄 아흐메트 3세 시대에 궁 앞을 지나가는 시민들이 깨끗한 물을 마실 수 있도록 배려해 만든 '체쉬메'라는 음수대로, 일종의 국민 우물이다. 이곳뿐 아니라 이스탄불 어디서나 이런 음수대를 쉽게 찾아볼 수 있다. 음수대 건물을 장식한 아름다운 아라베스크 문양과 코란 구절 장식에서 17세기를 호령하던 오스만제국의 예술성을 엿볼 수 있다.

음수대의 수도꼭지를 틀어 물 한 모금으로 목을 축이고 나서 마차 한 대가 겨우 지나갈 만한 문을 통과하면 톱카프 왕궁이 시작된다. 수령이 수백 년은 족히 되었을 가로수들이 하늘로 치솟은 길을 따라 걷다가 튤립이 피어 있는 정원을 지나면, 묵직한 역사가 새겨진 유적을 만나게 된다. 고색창연한 외관의 성 이레네 성당이다. 성 소피아 성당보다 먼저 건립된, 현재 이스탄불에 남아 있는 것 중 가장 오래된 그리스정교 성당이다. 모자이크의 화려함이나 규모의 장엄함은 성 소피아 성당에 미치지 못하지만, 전형적인 초기 비잔틴 건축 양식에 따라 붉은 벽돌로 지은 소박하고 투박한 분위기가 묵직한 경건함으로 다가온다. 360년 성 소피아 성당을 완공해 봉헌하기 전까지 성 이레네 성당이 콘스탄티노플의 기

성 이레네 성당 │ 전형적인 초기 비잔틴 양식에 따라 붉은 벽돌로 지었으며 이스탄불에 남아 있는 가장 오래된 성당이다.

톱카프 궁전 입구의 야경 | 요새 위쪽에 뚫린, 대포를 쏘던 총안 때문에 대포의 문이라는 뜻의 '톱카프'란 이름
이 붙었다. 유럽과 아시아, 아프리카의 세 대륙을 정복한 오스만제국의 사령부로, 영광과 환희, 애환과 음모로 점
철된 역사의 현장이다.

독교 총본산 역할을 했다고 전해진다. 사실 두 성당은 지금은 성벽으로 갈려 있지만 처음에는 서로 이어져 있었다.

세 대륙을 정복한 지구촌 정치의 중심지

왕궁 앞뜰에는 입장권을 사기 위해 길게 늘어선 사람들이 지구상에 존재하는 다양한 언어로 저마다의 감흥을 표현하고 있다. 갓 끓인 커피 향으로 유혹하는 카페를 지나면 비로소 톱카프 궁전을 만날 수 있다. 우리가 제대로 배울 기회 없이 지나쳐버렸던 인류 최대 제국을 되찾는 역사 복원 여행이 시작되는 곳이다.

이곳은 600년간 세상을 호령한 대제국의 사령부로, 영광과 환희, 애환과 음모로 점철된 역사의 현장이라고 할 수 있다. 오스만제국의 통치 체제와 내밀한 하렘을 엿보는 기회는 물론 음식, 신앙, 궁중의례, 오락, 무기, 사치품, 재정 규모 등을 살펴볼 수 있는 생생한 교육장이기도 하다. 톱카프 왕궁 박물관은 당시 각 건물에서 사용한 유물들을 다른 곳으로 옮기지 않고 바로 그 자리에서 전시하고 있다. 내각과 하렘, 도서관과 학교 자리를 필두로 주방 자리에는 도자기관과 식기관이 있고, 세탁소에는 복식관, 재무부가 있던 자리에는 보석관, 예배를 보던 자리에는 이슬람 성물관 등이 보존되어 있어 대제국의 위용을 느끼기에 충분하다.

궁의 겉모습은 의외로 소박하다. 입구에 두 개의 첨탑이 솟아 있고, 코란 장식이며 격자형 발코니와 아치 출입문이 이슬람 건축의 전형을 보여준다. 하지만 소박한 외관과 달리 이 궁전은 메흐메트 2세가 이스탄불을 점령한 이후 1856년 보스포러스 해변의 돌마바흐체 궁전으로 이동할

때까지 380년 동안 유럽과 아시아, 아프리카의 세 대륙을 정복한 술탄과
사령관들이 전략을 짜고 전리품을 모으던 지구촌 정치의 중심지였다.

표를 산 뒤 두 개의 탑을 거느린 정문인 '정의의 문'으로 들어선다.
이 문을 지나면 왕의 즉위식을 비롯해 주요한 궁중 의례를 행했고 정복
전쟁의 출정식이 열렸던 정원이 펼쳐진다. '지옥의 문' 앞에는 군사 정벌
을 떠나는 사령관에게 술탄이 하사한 군기를 꽂는 깃대석이 지금도 그대
로 남아 있다. 무엇보다 흥미로운 것은 3개월마다 있었던 군인들의 급료
식 행사다. 핵심 군대인 예니체리 yeniçeri 와 보병부대인 시파이 sipahi 를 비
롯한 오스만 군대는 바로 이 뜰에서 성대한 의례와 함께 술탄이 직접 나

오스만 군대 급료식 | 오스만 군대는 성대한 의례와 함께 술탄이 직접 나눠주는 급료를 받았다. 급료식에는 외
국의 대사들이 의관을 갖추고 참석하는 관례가 있었다.

뉘주는 급료를 받았다고 한다. 급료식에는 외국의 대사들이 의관을 갖추고 참석하는 관례가 있었다. 수많은 군인들에게 천문학적인 규모의 돈을 나눠주는 장면만으로도 제국의 위용을 뽐내기에 충분했을 것이다. 공개적으로 급료를 나눠주는 행사에는 감히 누구도 오스만제국의 권위에 도전할 마음을 먹지 못하게 하려는 의도가 깔려 있었을 것이다. 전쟁의 승리나 국가적인 경사가 있을 때 술탄이 직접 뿌린 금화를 주우려고 대신과 군인, 관료들이 앞다퉈 몰려드는 장면을 담은 세밀화가 궁전 화첩에 많이 남아 있는데, 이 역시 같은 의도로 제작되었을 것이다.

세계 3대 도자기 전시관

옛날, 안뜰에는 왕실 주방이 있었다. 오스만제국 전성기에는 왕궁 거주자가 5,000명에다 그중 주방에서 일하는 사람만 300명이었고 하루에 도축하는 동물의 수만 해도 200마리였다고 하니 제국 주방의 풍성함과 여유를 짐작할 수 있다. 도자기관 옆 주방에는 당시 사용하던 큰 솥과 주전자, 그릇과 청동 물병, 다양한 수저와 주방 기구들이 한때 그대로 전시되어 있었다. 지금은 1만 1,000점 정도의 도자기를 보유한 세계 3대 도자기 컬렉션 전시관으로 사용되고 있다.

이곳에서 내 눈을 사로잡은 것은 다름 아닌, 우리에게 익숙한 청화백자였다. 왕실의 최고급 식기로 사용되던 청화백자는 중국에서 제작되어 바다의 실크로드를 따라 이곳까지 수입되었다. 특히 청화백자 컬렉션은 그 가짓수와 예술성에서 세계 최고임을 자랑한다. 청화백자에 쓰이는 청색 안료는 이란과 중앙아시아가 원산지로 이슬람 세계에서 대단한 인기를 모았다. 이곳 사람들은 청색 안료를 '이슬람 블루'라 부르고, 중국에서는 '회청回靑'이라고 불렀다. 오스만제국은 주로 중국 도자기의 고향인 경덕진에서 청자와 청화백자를 대량으로 수입했다. 15세기부터는 아예 아랍어가 새겨진 그릇을 주문 제작하거나 인물화 없이 아라베스크 문양으로 디자인한 밑그림을 보내 그대로 만들게 했다. 중국에서도 구할 수 없을 정도로 품질과 가격이 모두 최고였던 예술성 높은 중국 도자기들은 이슬람 세계의 도자기 예술과 산업에 커다란 영향을 끼쳤다.

이슬람 세계 자체에서 중국 도자기를 모방해 재현해보려는 시도 역시 끊임없이 이어졌다. 하지만 불의 온도를 1,200도 이상으로 높이는 정교한 기술을 터득하지 못했고, 결정적으로 도자기 제작에 적합한 고령토를 구할 수도 없어 끝내 실패하고 만다. 대신 1,200도 이하에서 구워낼 수 있는 도기 생산에 주력하는 한편, 채색을 많이 사용하는 이즈니크 자기라는 터키만의 독창적인 도자기 산업을 일구는 데 성공했다. 청화백자 이외에도 청자와 백자, 청나라 때의 다양한 채색 도자기, 일본의 이마리伊万里자기 등을 포함해 동양 자기의 진수를 서양의 도시 이스탄불에서 감상하는 즐거움이 색다르다.

도자기관에서는 도자기 자체의 예술성이나 희귀성뿐 아니라 왕실 주방이라는 본래의 기능에도 주목할 필요가 있다. 오스만제국의 음식 문화를 살펴볼 수 있는 곳이기 때문이다. 전하는 이야기에 따르면, 오스만 왕실의 수라상에는 기본적으로 24찬이 올라갔다고 한다. 그런데 문제는 1년 동안 같은 음식이 두 번 이상 올라가서는 안 된다는 주방의 불문율이 있었다는 것. 거기서 거기인 식재료를 가지고 매일매일 갖가지 레시피를 고안해내야 하는 왕실 요리사들에겐 하루하루가 목숨을 걸어야 하는 모험이었을 것이다. 아이러니하게도 이런 위태로운 과정이 오늘날 풍요로운 음식 문화의 원천이 되었다니, 왠지 씁쓸해지기도 한다.

　　오랫동안 대제국의 영광을 누려온 나라들은 다양한 민족의 입맛을 맞출 음식을 개발할 수밖에 없었다. 세계 3대 미식으로 중국, 프랑스, 이탈리아의 음식이 꼽히는 것도 이와 무관하지 않을 것이다. 그렇다면 1,600년 동안이나 두 제국의 수도였던 이스탄불의 음식은 어떨까. 신선한 과일과 야채, 콩으로 만든 온갖 다양한 산해진미 덕분에 누구나 입에 맞는 음식을 고를 수 있는 도시가 바로 이스탄불이다. 그래서 어쩌면 '이스탄불의 음식은 무엇'이라고 정의하기 어려울 수도 있다. 동양 혹은 서양으로 구분하기 어려운 어정쩡한 국가 정체성이 음식에서도 드러난다고 할까. 돌궐과 위구르로 이어져온 중앙아시아 초원 유목에 서아시아의 오아시스 유목이 더해졌을 뿐 아니라 아나톨리아 반도의 풍성한 도시 문화는 물론 1,000년 이상 유럽과 섞이면서 만들어낸 온갖 삶의 방식이 음식에 고스란히 담겨 있다.

푸른빛의 향연장, 보석관

　　　　　　　　톱카프 궁의 압권은 무엇보다 보석 컬렉션이다. 그 많은 보석 중에서도 가장 뛰어난 것은 세 개의 큼직한 에메랄드가 박힌 단검으로, 황금으로 만든 칼집에는 다이아몬드가 무수히 박혀 있다. 정교한 세공과 장식이 화려함의 극치를 보여준다. 이 단검은 오스만 제국의 술탄 마흐무드 1세가 이란의 나디르샤가 선물한 황금 옥좌에 대한 답례로 보냈다가 당시 이란의 정세가 복잡해 되돌아와 결국 터키에

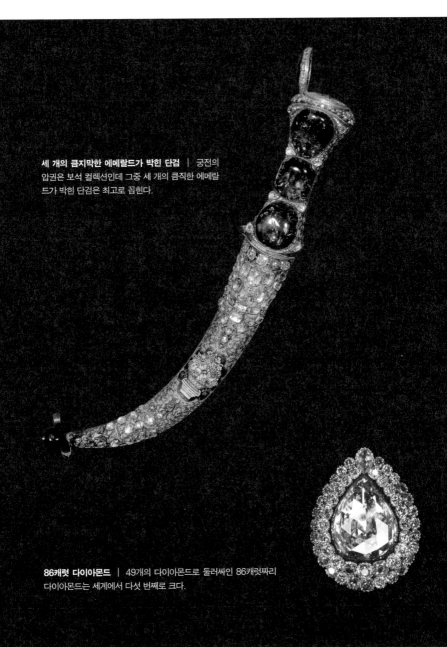

세 개의 큼지막한 에메랄드가 박힌 단검 | 궁전의
압권은 보석 컬렉션인데 그중 세 개의 큼직한 에메랄
드가 박힌 단검은 최고로 꼽힌다.

86캐럿 다이아몬드 | 49개의 다이아몬드로 둘러싸인 86캐럿짜리
다이아몬드는 세계에서 다섯 번째로 크다.

남게 되었다. 이 단검을 탈취하는 과정을 담은 〈톱카프〉라는 영화가 제작될 정도로 톱카프 궁전 박물관의 대표 보물로 손꼽힌다.

이곳 방문객들의 눈길을 사로잡는 또 다른 유물은 세계에서 다섯 번째로 큰 86캐럿짜리 다이아몬드다. 이 다이아몬드는 49개의 작은 다이아몬드가 주위를 영롱하게 감싸며 발하는 아름다움으로 찬사를 받는다. 보석관에는 에메랄드가 유난히 많은데 무게가 3킬로그램이나 되는 것까지 있다. 초록빛 에메랄드가 이슬람의 푸른 빛깔과 어우러지면서 술탄과 궁정 사람들의 사랑을 특히 많이 받은 듯하다.

무함마드의 유품이 전시된 이슬람 성물관

톱카프 궁이 박물관으로서 특별한 정체성을 갖는 이유는 이슬람의 마지막 선지자 무함마드와 관련된 유품들을 전시한 이슬람 성물관 덕분이 아닐까 싶다. 이슬람 성물관은 무함마드의 수염, 치아, 족적, 칼을 비롯해 생전에 입었던 외투와 이슬람 개종을 권유하는 친필 서명의 서신까지 전시되어 있어, 종교적으로 매우 큰 의미를 갖는 곳이기 때문이다. 이슬람 신자들의 발길이 끊이지 않는 이곳에서는 코란을 낭송하는 나직한 음성과 경건한 신심으로 가득하다.

그런데 그 중요한 무함마드의 유품들이 왜 이슬람의 성지인 메카가 아닌 이스탄불에 있을까? 16세기, 야우즈라 불리는 술탄 셀림 1세는 아라비아 원정을 통해 사우디아라비아를 포함한 대부분의 아랍 지역을 오스만제국에 복속시켰다. 그때 전리품으로 무함마드의 성물들을 이스탄불로 옮겨 왔던 것이다. 사우디아라비아 왕실이 여러 번 반환을 요청했지만, 돌려받을 가능성은 낮아 보인다. 최소한의 성물들만 갖춘 전시라도 희망했지만 그것마저 실현되지 않았다고 한다. 지금도 해외 전시는 일절 허용되지 않는다. 터키 정부가 그렇게까지 강경하게 무함마드 유품의 외부 전시를 허용하지 않는 이유는 무엇일까? 아랍 국가에 물품 반출이 이루어진다면 서로 전시를 하기 위한 경쟁이 치열해질 것임은 자명하다. 그러는 와중에 자칫 성물의 원래 소유국을 두고 갈등과 분쟁이 일어날 것을 염려하는 건 아닐까. 그런 여지를 아예 없애기 위한 조치가 아닐까 조심스레 추측해본다.

수많은 여성들의 욕망과 애환이 서린 곳, 하렘

왕궁 안뜰에 있는 금지된 공간, 하렘Harem은 술탄과 술탄의 어머니, 그들의 치마폭에 싸인 어린 왕자, 그리고 술탄의 어머니가 되지 못한 비운의 술탄 여성들이 살던 생활구역이었다. 하렘으로 통하는 문은 디반Divan이라 불리는 의회 건물 쪽에 있는데, 박물관 카페 옆이 바로 그 입구다. 내시들이 머물던 입구를 시작으로 안으로 들어갈수록 미로 같은 은밀한 내궁이 모습을 드러낸다. 그다음으로는 하렘의 살림을 맡아보았던 재무 기관과 궁녀들의 처소가 보이는데, 점차 안으로 들어갈수록 거주 공간이 넓어지고 벽면을 장식한 중국식 타일도 정교하고 화려해진다. 크고 작은 방이 250여 개에 달하는데 제국의 전성기 때는 400개가 넘었다고 한다. 술레이만 대제 이후 궁녀들의 수가 늘어나고 술탄과 가까이서 지내고 싶어하는 왕비들의 요청을 받아들여 점차 규모가 확대되었기 때문이다. 하렘의 여인들

왕궁 안뜰에 있는 금지된 공간, 하렘 | 크고 작은 방이 250여 개에 달하는데, 제국의 전성기 때는 400개가 넘었다. 안으로 들어갈수록 미로 같은 은밀한 내궁이 모습을 드러낸다.

하렘의 내부 ┃ 제국의 부와 사치를 쏟아부어 정교하고 화려한 장식 예술이 완성되었다.

은 어쩌다 주어지는 기회를 놓칠세라 온갖 지혜와 기예로 술탄의 사랑을 얻기 위해 혼신의 힘을 다했고, 간택되지 못한 여인은 하렘의 부속물 역할을 하며 한 많은 세월을 흘려보내야 했다. 제국의 부와 사치를 쏟아부어 정교하고 화려한 장식 예술을 만들어낸 여인들의 열정, 갇힌 공간에서 오로지 술탄 한 남자의 총애에 인생을 걸었던 수많은 여성들의 욕망과 애환이 서린 곳, 하렘. 그곳으로 들어서는 발걸음은 결코 가볍지 않다.

흑인 내시들과 하녀들이 머물던 작은 방부터 술탄의 아내요 다음 왕위를 이을 왕자의 어머니로 막강한 지위에 있었던 왈리데 술탄의 화려한 침실, 도서관과 예배실, 응접실과 식당, 목욕탕과 휴게실에 이르기까지 하렘은 또 하나의 세계였다. 하렘에 간택되어 온 여인들은 누구나 왕비가 될 수 있기 때문에 상궁인 '카흐야 카든'이 가르치는 왕실의 법도와 춤, 노래, 심지어 잠자리 예절까지 고된 교육과정을 거쳐야 했다. 요즘 다이어트를 위한 춤으로 인기가 많은 벨리댄스도 원래는 왕실의 춤으로 시작되었다. 하렘의 무희들은 온갖 테크닉과 기교를 총동원해 유혹의 몸놀림을 선보였던 것이다. 일생에 단 한 번, 술탄에게 선택받기 위해.

하렘에서의 서열 또한 엄격했다. 술탄과 하룻밤을 함께 보낸 여인은 '괴즈데(눈에 든 여자)'가 되고, 정기적으로 술탄의 부름을 받는 여인은 '이크발(행운아)', 술탄의 공주를 생산한 여인은 '하세키 카든(공주의 어머니)', 왕자를 생산한 여인은 '하세키 술탄(왕자의 어머니)'이 된다. 이슬람 율법에 따라 술탄은 네 사람의 하세키를 둘 수 있으며, 그중에서 술탄의 첫 번째 왕자를 생산한 여인은 '바시 하세키 술탄(첫째 왕자의 어머니)'으로 특별한 대우를 받는다. 항상 그런 건 아니지만 그녀의 아들이 술탄의 자리를 물려받을 가능성이 가장 높기 때문이다. 그리고 왕위를 계승

명암이 공존하는 하렘에서의 생활 | 외출이 자유롭지 못해 오직 창을 통해서만 밖을 내다볼 수 있었다. 갇힌 공간에서 오로지 술탄 한 남자의 총애에 인생을 걸었던 수많은 여성들의 욕망과 비애가 서려 있다.

한 아들을 둔 여자는 '왈리데 술탄(술탄의 어머니)'이라 불리며 하렘의 최고 지위에 오른다.

하렘 입구에는 탑이 있는 건물 한 채가 우뚝 솟아 있다. 톱카프 궁의 길잡이 탑이자 오스만제국의 정부 청사인 쿱베알트Kubbe altı다. 우두머리인 수상은 각료들과 함께 성 소피아 성당에서 아침 예배를 보고 점심때까지 관저에 머물면서 집무를 봤다. 오후에는 주로 시민들의 불만을 듣고, 송사와 민원을 처리했다. 사신 접대부터 왕자나 공주의 약혼식, 결혼식, 술탄 즉위식에 이르기까지 궁중 의례도 수상이 관장했다. 하지만 1876년 8월 30일, 마지막 각료 회의를 끝으로 톱카프 정부 청사 시대는 종말을 맞았다. 그 뒤로는 귈하네 공원 왼편에 있는 바브알리Bab-ı Ali에서 새롭게 정무를 보았다. 수상 관저를 겸한 바브알리에는 60명의 수상, 48명의 외무장관, 오스만제국의 역사를 기록하는 22명의 사초관이 머물다가 떠났다. 한때는 오스만제국의 모든 공문서를 보관하는 기록 보관소로 쓰였는데, 지금은 이스탄불 도지사 공관으로 사용되고 있다.

튤립이 만발한 복식관

왕실의 복식은 당시의 시대상은 물론 섬유 산업, 직조 · 나염 기술, 문양의 예술성, 복식의 실용성과 의례성을 밝힐 수 있는 소중한 자료다. 죽은 자의 옷을 태워 혼백과 함께 저승으로 편히 보내주려는 동양 문화에서는 일반적으로 조상의 옷을 보관하지 않는 풍습이 있었다. 이따금 시신을 감쌌던 수의가 특수한 조건의 무덤에서 발견되는 경우가 고작이다. 하지만 오스만제국은 이슬람의 영향을 받아, 고인의 옷을 잘 보관함으로써 조상과 영적 교감을 하고자 했기 때문에 상당히 많은 복식이 전해질 수 있었다. 그중 15세기 오스만제국 술탄들의 고인의 옷 장식을 가만히 살펴보면 유독 튤립이 많은 것을 알 수 있다. 튤립은 오스만제국의 왕실 문양이었고, 지금의 이스탄불 시화市花이기도 하다. 그런데 튤립 하면 생각나는 나라는 터키가 아니라 네덜란드다. 그렇다면 튤립은 어떻게 해서 원산지인 터키가 아니라 네덜란드의 꽃이 되었을까?

17세기, 이스탄불에 한 네덜란드 대사가 머물렀을 때의 일이다. 튤립을 처음 보자마자 대사는 그 아름다움에 반해 나중에 네덜란드로 모종을 가져갔다. 튤립은 색다른 모양 때문에 네덜란드의 귀족과 대상인들 사이에 크게 유행하며 순식간에 신분 상승의 상징으로 떠올랐다. 이런 대유행으로 인해 튤립 모종 한 뿌리가 당시 돈으로 6,700달러, 지금의 가치로 1억 원 정도에 달할 만큼 비싸게 거래되었다. 어지간한 부자라도 한 뿌리를 온전히 소유하는 게 쉽지 않았다. 그래서 10명 내지 20명이 돈을 모아 겨우 모종 하나를 사기도 했다. 그렇게 거금을 투자한 튤립이 꽃을 피우지 않으면 완전히 손해를 보는 것이었다. 운이 좋아 꽃이 피면 투자한 금액에 따라 하루나 이틀씩 돌려가며 소유하곤 했는데, 그 며칠 동안 주인은 성대한 파티를 열었다. 튤립이 소유주의 위신과 사회적 명망을 높여주는 사교 비즈니스의 핵심이자, 파티를 통해 투자한 액수를 훨씬 뛰어넘는 자금이나 인맥을 얻을 수 있었기 때문이다. 당시 튤립은 가장 중요한 사회적 자본의 상징이었다. 이러한 튤립에 대한 투자가 주식 투자의 시초가 되었다고 전해진다.

오스만을 대제국의 반열에 올린 일등공신, 예니체리

오스만제국의 최정예 정규군 예니체리. 이들은 오로지 술탄에게만 복종하는 충성심과 용맹의 상징이자, 600년간 유럽, 서아시아, 북아프리카의 세 대륙을 지배하며 오스만제국을 가장 위대한 대제국의 반열에 올린 일등공신이다. 예니체리 군대가 오래도록 빛날 수 있었던 것은 독특한 군사 충원 방식과 운영 제도인 데브시르메Devshirme 덕분이었다. 이 제도를 통해 필요에 따라 3~5년에 한 번씩 제국 영토 안에서 8~20세 사이의 이교도 자제, 특히 기독교도 청소년들을 데려다가 예니체리군으로 키워냈다. 처음에는 발칸반도의 알바니아, 그리스, 불가리아 등지에서 주로 모병하다가 점차 발칸반도 북쪽 지방인 세르비아나 보스니아, 헤르체고비나, 마케도니아로, 15세기 후반부터는 유럽 땅이 아닌 아나톨리아 반도에 사는 기독교도 청소년들로 확대됐다. 성직자의 자녀가 1순위 징집 대상이었고, 대개는 아들이 둘 이상인 집에서 건강하고 머리가 우수한 아이를 골랐다. 그중에서도 키가 크고 몸집이 좋은 청소년들 일부는 예니체리와는 별도로 왕실 근위병으로 천거되었다. 외동아들이나 유대교도의 자제, 신분이 비천한 목동, 신체장애나 결함이 있는 아이, 투르크어를 잘하는 아이와 예술적 재능을 가진 아이, 이스탄불에서 살아본 경험이 있는 아이, 키가 너무 크거나 작은 아이는 뽑지 않았다. 러시아 출신이나 집시 아이들, 출신성분이 명확하지 않은 아이들 역시 제외된 것을 보면 선발 기준이 매우 엄격했음을 알 수 있다.

선발된 소년들은 이스탄불에 도착해 2~3일간 휴식을 취한 다음 이슬람 교육을 통해 개종을 하고, 보건소에서 할례 의식을 치른 뒤 투르크인들의 문화와 말, 습속 등을 익혔다. '투르크화 교육'이라 부르는 이 모든 과정을 이수한 뒤에야 비로소 각 부대에 배속되어 예니체리로서 군 복무를 시작했다.

예니체리는 특권적 지위와 좋은 대우를 보장받는 만큼 군율도 엄해 서 웬만한 부정행위도 사형으로 다스렸으며, 술탄 셀림 때까지는 결혼 조차 엄격히 금지되었다. 하지만 16세기 중반 이후 궁정의 정치적, 경제 적 실권을 장악한 예니체리는 귀족 관료들에게 분봉되었던 광대한 영토 를 빼앗아 막대한 수입을 올리는 동시에, 토지 소유주라면 마땅히 이행 해야 할 병사 양성과 조세의 의무를 교묘히 회피했다. 급기야 예니체리 군은 술탄마저 통제했고, 국가나 술탄을 위해서가 아닌 자신들의 이익 을 지키는 일에만 매달렸다. 또한 하렘의 왕비, 왕자비 들과도 연대해 특 정한 왕자를 술탄의 자리에 앉히기 위해 패권을 다퉜다. 술탄 폐위 사건 에도 다반사로 떼 지어 가담했다. 16세기 후반부터는 예니체리 선발에 뇌물 수수 등의 비리가 끼어들면서 예니체리의 수가 지나치게 많이 늘 어나기도 했다. 17세기 개혁론자 하즈 할리페에 따르면, 1567년에 4만 8,000명이던 오스만제국 직업군인의 수가 1620년에는 10만 명으로 증 가했다고 한다.

정예군이던 예니체리는 이렇듯 시간이 흐르면서 부패한 군대 마피 아로 전락했다. 지나친 권력이 가져온 필연적인 결과였다. 그들은 대를 이어 권력을 나눠 가졌고, 마음만 먹으면 언제든지 술탄을 위협하고 갈 아치울 수 있었다. 이스탄불 거리에서 충돌이나 불상사를 일으켜도 면 책에 가까운 특권의 보호를 받았다. 유럽이 빠르게 근대화되면서, 상대 적으로 오스만제국의 무기나 전술의 약세가 뚜렷해진 시점에도 그들은 권력의 줄을 결코 놓으려 들지 않았다. 기득권에 매달리느라 제국의 안위 따윈 안중에도 없었다. 어느새 예니체리 군은 제국을 위협하는 암세포가 되어 있었다. 술탄은 이런 예니체리 군을 해체하기 위해 기회를 노렸다. 그리고 마침내 유럽식 신식 군대를 창설하면서 보수의 온상이자 개혁의 최대 걸림돌이던 예니체리를 과감히 해체할 계획을 세웠다. 1826년 6월 16일 밤, 유럽식 신위병들은 예니체리 군 막사에 포격을 퍼부었고 저항하면 즉각 학살했다. 400년이 넘도록 핵심 권력으로서 특권을 누려온 예니체리 군의 운명이 다하는 순간이었다.

살아남은 예니체리 군은 생명을 부지하기 위해 세상 밖으로, 또는 어둠 속으로 숨어들었다. 일부는 멀리 알프스산맥의 한적한 마을로 달아났다. 현재 이탈리아 북쪽으로 700킬로미터 떨어진 오스트리아 국경지대의 작은 마을 모에나에 120명가량의 예니체리 후손들이 선조의 영광과 애환을 전설처럼 간직하고 살아가고 있다고 전해진다. 구사일생으로 살아남아 이스탄불에 남겨진 이들은 사람들의 눈을 피해 어둠의 세계로 숨어들었다. 뛰어난 처세술과 단련된 몸으로 한때 세상을 호령했지만, 도심의 지하 세계와 선술집 주방 뒤켠, 목욕탕 아궁이를 지키는 신세가 된 그들은 삶의 비애를 노래로 남겼다.

예니체리가 남긴 문화적 영향은 아직까지도 터키 사회를 강하게 지배하고 있다. 그들은 '벡타시Bektashi'라는 이슬람 신비주의 종파를 받아들였고, 종교적 일체감과 신분의 폐쇄성을 결합해 강력한 사회적 연대의 끈을 이어왔다. 비록 벡타시 종파는 이단 취급을 받고 있지만 지금도 터키 사회 곳곳에 뿌리를 내린 채 그 명맥을 이어오고 있다. 예니체리는 오스만제국의 영광과 몰락을 함께한 근대사의 증인이다.

오스만제국의 왕위는 장자에게만 주어지지 않았다. 그 때문에 하렘의 모든 왕자들은 태어나면서부터 단 하나뿐인 왕위를 두고 목숨을 건 채 싸울 수밖에 없었다. 공공연하게 독살이 자행된 것도 같은 이유에서다. 자기 아이가 살아남으려면 남의 아이가 죽어야 했기에, 아들을 둔 술탄의 여자들은 호시탐탐 기회를 노렸다.

미래의 술탄이 갖춰야 할 조건은 무력만이 아니었다. 단련된 신체가 뿜어내는 카리스마와 뛰어난 무술, 관료들을 자기편으로 끌어들이는 설득력과 정치력, 제국 경영의 비전과 통치 능력 등 술탄으로서의 모든 자질을 공개적으로 검증받아야 했다. 그런 자질을 갖추고 익히기 위해, 일단 황태자로 책봉되면 지방 통치자인 '산자르Sanjar'의 벼슬을 받고 지방으로 내려가 민심을 파악하고 작은 정부에서 필요한 모든 경륜을 쌓았다. 그런 과정을 거친 후 새로운 술탄이 결정되는 순간, 나머지 왕자들은 모두 죽임을 당했다. 반란 세력의 싹을 없애 술탄 중심의 강력한 제국을 지키려는 것이었다.

가장 유능한 왕손을 왕으로 앉히는 전통은 유목 사회의 일반적인 전략이었다. 기동성과 전투력, 뛰어난 외교술과 지도력을 갖춘 지도자가 절실한 유목 국가에서 적자상속은 모두의 생존을 위한 현실적 고려였다. 그러다 결국 오스만제국도 장자상속과 형제상속으로 돌아섰고, 정복 전쟁을 멈추면서 서서히 쇠락해갔다. 제국 쇠락의 기점은 술탄 아흐메트 1세 때부터였다. 그는 선대의 다른 황태자들처럼 지방 정부로 보내지지 않고 하렘의 좁은 방에 갇혀 살았다. 이를 후세의 역사학자들은 '새장 연금'이라 불렀다. 광활한 제국의 구석구석을 살피지 못한 채 새장과도 같은 하렘에서 유약하게 자라나 술탄이 된 아흐메트는 형제를 살육하는 끔찍한 관행을 없애고자 했다. 그는 동생인 무스타파를 황태자로 임명하고 그가 술탄이 되도록 끝까지 도왔다. 오스만제국의 오랜 왕위 계승 방식이 근본적으로 바뀌는 전기가 된 것이다. 가장 역량 있는 적자가 아니라 오스만 왕가의 최고 연장자가 술탄의 왕위를 이어받는 형제상속과, 술탄에게 마땅한 형제가 없는 경우에만 장자에게 왕위를 물려주는 새로운 관행이 마련된 셈이다. 이로써 제국은 생명력과 경쟁력을 잃어갔고, 무능한 술탄을 둘러싼 노회한 관료들의 정권 장악을 위한 술수는 가속화되었다.

제국 멸망의 전형적인 길을 걷기 시작한 것이다. 전쟁이 또 다른 전쟁을 낳고, 전리품이 또 다른 전리품을 부르고, 야욕이 또 다른 야욕을 불러일으켜 제국이 팽창할 때의 가속도는 엄청나다. 이런 막강한 제국에 맞설 적은 없다. 그런데 그런 대제국이 왜 멸망하게 되는 것일까? 이는 한계효용체감의 법칙으로 설명할 수 있다. 정복 전쟁에도 수요와 공급의 법칙이 적용되어, 패권을 쥐고자 하는 욕망의 수요를 충족시키는 공급의 수단으로 전쟁은 가장 효율적인 방식이다. 그러나 일방적 힘의 우위는 언제까지 지속될 수는 없다. 어느 순간 정복 전쟁도 그 기세가 꺾이게 마련이다. 수요와 공급이 만나는 시점에 이르면 더 이상 전쟁을 이끌어갈 동력을 찾을 수 없다. 더욱이 안락하고 풍요로운 삶을 경험한 전사들은 더 이상 전쟁의 두려움에 맞서려하지 않는 것이다. 현 상태를 유지하는 데 마음이 쏠리게 되면 수요는 줄지 않고 공급이 끊기면서 뺏고 뺏기는 내부 갈등이 심화되고 만다.

오스만제국의 정복 전쟁은 17세기 중반 유럽의 최강국이었던 오스트리아의 합스부르크 왕가를 공격하면서 최고 정점에 다다랐다. 그러나 1683년, 세 번에 걸쳐 비엔나에서 벌어진 공성전攻城戰에서 패하면서 더 이상의 진격을 멈췄다. 술탄과 관료들은 물론이고 전쟁에 목숨을 걸었던 군인들조차 다시금 모두 이스탄불로 몰려들었다. 사람의 욕구와 욕망은 줄지 않는 법인데, 그 욕구를 충족할 외부적 공급이 급속히 줄어들면 거기서부터 내부 갈등이 발생해 평형이 깨진다. 기존의 것을 나눠 가져야 하는데, 힘을 가진 자부터 차례로 욕구를 채워나가면서 내부 분열이 심화되는 것이다. 이것이 바로 오스만제국의 최후를 가장 잘 설명해주는 제국멸망론이다.

전장에 있어야 할 군사들이 궁 안에 머무르며 방탕한 생활을 이어갔다. 결국 하렘의 질서를 어지럽히면서 불만 세력으로 변질되었다. 제국이 동요하는 사이 1,000년간 영토 회복의 기회를 엿보았던 유럽 국가들은 복수의 칼날을 갈며 힘을 키웠다. 711년 지브롤터 해협을 내주고 800년간 이베리아 반도를 빼앗긴 유럽은 설상가상으로 유럽 동쪽의 콘스탄티노플을 뺏겼고 비잔틴제국이 멸망함으로써 발칸반도마저 400년 동안 오스만제국에 내준 터였다. 이제 땅을 되찾을 기회가 온 것이다. 약 100년간의 힘겨루기 기간을 거쳐 1789년 드디어 프랑스의 나폴레옹이 이집트를 침공함으로써 힘의 강약이 서로 바뀌었다. 결국 거대한 제국 오스만은 1918년 1차 세계대전의 패망으로 흔적도 없이 공중 분해되어 역사의 뒤안길로 사라져버렸다. 역사에는 절대 강자도, 약자도 없다.

톱카프 궁전의 감동을 잇는 이스탄불의 아름다움

톱카프 궁전과 귈하네 공원은 이어져 있다. 원래 톱카프 왕궁 부속 정원이었던 이곳은 현재 일반인들에게도 개방되어 있다. 관광객의 발길이 뜸한 공원이어서 이스탄불 시민들이 가족과 함께 여유로운 시간을 보내는 풍경 등 가장 터키다운 분위기를 느낄 수 있다. 또한 공원 안에 있는 이슬람 과학사 박물관은 세계 최고 수준을 자랑하던 중세 이슬람 과학과 학문의 성취를 눈으로 확인할 수 있는 곳이다. 박물관 입구에는 9세기 압바스왕조의 성군이었던 알 마문이 제작한 세계지도가 전시되어 있어 시대적, 학문적 배경을 이해하는 기회가 되기도 한다. 신라가 표시된 아랍 지도도 있다.

바닷가 쪽으로 다가가면 이스탄불에서 가장 경치 좋은 카페를 만날 수 있다. 우리 돈 3,000원 정도로 차 한 잔의 여유를 누릴 수 있는 곳이다. 여객선과 요트가 쉴 새 없이 하얀 물을 가르는 보스포러스 해협의 그림 같은 풍경. 멀리 마르마라 해 너머, 아시아에서 출발한 오리엔트 특급열차의 종착역이자 아시아로 향하는 출발점인 하이다르파샤 역도 보인다. 골든혼 쪽으로 지는 석양에는 넋을 잃을 지경이다.

귈하네 공원 입구에서 다시 전찻길을 따라 내려오면 막다른 길목에 관공서 분위기를 풍기는 바브알리 건물이 우뚝 서 있다. 600년 대제국의 귀중한 문서가 보존된 오스만 공문서국이다. 나도 이곳에서 꼬박 5년 가까이 열심히 자료를 찾고 뒤졌더랬다. 조선 말기에 오스만제국 술탄의 비밀 사절이 한반도를 방문하고 남겼던 조선에 관한 보고서의 존재를 알게 된 것도 바로 이곳에서였다. 이렇듯 세계 각지에서 찾아온 연구자들과 대학원생들이 오스만제국의 사료를 분석하고 고전 문서를 해독하던 곳이다.

보스포러스 해협을 지나는 페리에서 바라본 성 소피아 성당, 블루 모스크

오르타쾨이 풍경 │ 아름다운 보스포러스 해협이 펼쳐지는 곳. 돌마바흐체 궁전 앞에서 22번 버스를 타고 10분 정도 가면 도착한다. 오르타쾨이의 명물 쿰피르 가게를 비롯해 아기자기한 카페들이 많고, 일요일에는 벼룩시장이 열린다.

지금은 이스탄불 주지사 공관으로 사용하고 있다.

바브알리에서 우회전해 50미터쯤 걷다가 다시 왼쪽으로 난 곧은길을 따라 200미터쯤 가면 오른편으로 둥근 돔에 붉은 벽돌로 지은 기차역이 나타난다. 여기가 바로 유럽에서 출발한 오리엔트 특급열차의 종착역이자 유럽으로 향하는 출발점인 시르케지 역이다. 동양과 서양을 잇는 기차역이 자리한 곳인 만큼 시르케지의 상점들에서는 동서양의 제품을 골고루 판매한다. 특히 이른 아침이 되면 숙박비를 아끼려고 밤기차를 타고 달려온 수백 명의 여행객이 한꺼번에 역사에서 몰려나오는 진풍경을 볼 수 있다. 포장마차와 노점상으로 역 주변은 더욱 붐비고, 그들을 실어 나르려는 합승택시 돌무쉬Dolmush 운전사들과 호텔 호객꾼들의 목소리는 더욱 높아진다. 영어와 러시아어, 프랑스어, 독일어, 일본어와 터키어가 한데 섞인 외침은 새벽의 교향악이 되어 도심의 아침을 깨운다.

1453 파노라마 박물관

1453년, 비잔틴제국의 1,000년 수도 콘스탄티노플이 함락된다. 그리고 이스탄불이란 도시가 새로운 수도의 탄생을 알린다. 비잔틴제국을 멸망시킨 오스만튀르크는 유럽을 향해 파죽지세로 진격하면서 위대한 제국을 완성한다. 비잔틴제국 두뇌 집단들의 서유럽 망명은 문화적으로는 르네상스를 일으키는 계기가 되었고, 역사적으로는 긴긴 중세가 종말을 고하고 근세를 시작하는 전기가 되었다.

1453 파노라마 박물관 입구

콘스탄티노플 함락은 이처럼 획기적인 대사건이었다. 그 역사의 현장에 2009년 파노라마 박물관이 문을 열었다. 내가 세계 여러 나라를 여행하면서 보아온 것 중 가장 인상적인 박물관이다. 박물관 1층과 2층 전체를 채운 전시관에는 직경 38미터, 넓이 2,359제곱미터의 영상이 치열했던 역사 속 전장으로 우리를 데려간다. 그림을 그려 3차원으로 재현한 이 영상은 마치 내가 그날 그 순간, 숨 막히는 현장에 있는 듯한 착각을 불러일으킨다. 수천 군사들의 표정이 하나하나 살아 있고 비명 소리와 공격 신호, 불꽃을 뿜으며 포탄을 하늘로 쏘아 올리는 우르반 대포, 성벽을 타고 오르는 일사불란한 공격 대형이 자욱한 화약 연기 속에 생생하게 펼쳐진다.

박물관 아래층에는 콘스탄티노플 함락의 전 과정을 보여주는 자료와 사진을 전시해놓았다. 개관한 지 몇 년 되지 않은 데다 영어 안내 자료가 없어서인지 관람객 대부분이 터키 사람들이다. 전시를 보고 나오는 한 여성은 "위대한 나라에 태어난 것이 자랑스러워요. 이러한 나라와 영광을 주신 술탄 메흐메트 2세의 영혼을 위해 기도하고 싶어요"라고 말했다. 그렇다. 역사는 가진 자의 몫이다.

비잔틴제국의 마지막 저항

오스만제국 술탄의 자리에 오른 메흐메트 2세. 열아홉 살의 젊은 술탄에게 콘스탄티노플은 그가 열어가야 할 새로운 세상의 시작이었다. 이미 보스포러스 해협 양안에 두 개의 성채를 마주 보게 축조해 콘스탄티노플로 향하는 해상 보급로를 장악한 메흐메트 2세

1453 파노라마 박물관 내부 전시관 │ 1453년, 비잔틴제국의 1,000년 수도 콘스탄티노플이 함락되고 오스만 튀르크의 이스탄불이 탄생한다. 역사적으로는 긴긴 중세가 종말을 고하고 근세를 시작하는 전기가 되었다.

1453 파노라마 전시관 모형 | 전시관 전체를 한눈에 볼 수 있게 만들어놓았다.

는 직접적인 공략을 서둘렀다. 부활절 다음 날인 1453년 4월 2일 월요일, 오스만제국의 대군은 콘스탄티노플 외곽에 진을 쳤다. 비잔틴제국의 황제 콘스탄티누스 11세가 최후통첩에도 항복을 하지 않자, 메흐메트 2세는 총공세에 돌입했다. 도시를 둘러싼 약 20킬로미터의 성벽은 육지에 면해 있는 5.5킬로미터의 테오도시우스 성벽, 골든혼을 끼고 있는 7킬로미터의 해안 성벽, 마르마라 해와 연결되는 7.5킬로미터의 성벽으로 이뤄진 철옹성과도 같은 이중 성벽이었다. 하지만 성안의 비잔틴제국 군사는 정확히 외국인 용병 2,000명을 포함해 모두 6,783명이 전부였다. 오스만제국 병력에 관해서는 역사학자들 사이에 다소 의견 차이가 있는데, 보통 예니체리 군단 1~2만 명을 포함해 전체 8~20만 명 정도였던 것으로 본다. 이렇듯 병력을 합쳐도 채 7,000명이 안 되는 비잔틴제국이 메흐메트 2세가 직접 지휘하는 오스만제국의 정예군을 상대하기란 애초에 불가능했다.

　이교도인 오스만제국의 위협으로부터 콘스탄티노플을 지키기 위해 비잔틴제국은 유럽과의 종교적 화해를 모색했다. 콘스탄티노플은 동방정교회와 로마 가톨릭의 통합을 조건으로 서방에 도움을 요청했지만 원하는 성과를 얻지 못했다. 당시 서방의 왕들과 제후들은 각자 떠안은 문제로 동방까지 신경 쓸 여력이 없었기 때문이다. 영국과 프랑스는 백년전쟁으로 국력이 약해져 있고, 이베리아의 왕국들은 레콘키스타Reconquista, 이슬람교도에게 점령당한 이베리아 반도 지역을 탈환하기 위해 일어난 기독교도의 국토 회복 운동 막바지에 이르러 있었다. 독일에서는 황제를 선출할 권한을 가진 선제후들이 혈투를 벌이고 있었고, 헝가리와 폴란드는 1444년 바르나 전투에서 패배해 전력이 땅에 떨어진 상태였다. 북이탈리아의 몇몇 도시국가에서 군대를 보내오긴 했지만, 오스만제국의 전력과 다투기엔 너무도 미미한 수였다.

　오스만제국은 헝가리 출신의 대포 제작 전문가 우르반을 고용했다. 그는 길이가 8미터가 넘고 직경은 75센티미터가량 되는 거대한 대포를 제작했는데 544킬로그램짜리 포탄을 1.6킬로미터 가까이 날려 보낼 수 있는 첨단 신무기였다. 공성용 대포가 역사상 처음 등장한 것이다. 비잔틴제국 군대에도 대포가 있긴 했지만 우르반 대포보다 훨씬 작고 반동으로 인해 오히려 성벽을 파손했다고 한다.

　술탄 메흐메트 2세는 육지 쪽의 테오도시우스 성벽을 통해 공성전을 감행하기로 결정한다. 이 성벽은 콘스탄티노플에서 유일하게 바다라

돔 형식으로 구성된 1453 파노라마 박물관 │ 8명의 예술가들이 1만여 장의 그림을 그려 완성한 3차원의 영상. 파란 하늘과 하얀 구름, 군사들의 모습이 실제처럼 펼쳐진다.

는 보호벽이 없다는 전략상의 약점 때문에 성벽이 훨씬 두텁고 견고했으며 적의 침입을 막는 물이 가득 담긴 해자가 둘러쳐져 있었다. 메흐메트 2세는 240킬로미터 가까이 떨어진 주조 공장에서 제조한 대포들을 옮겨왔다. 가장 큰 대포는 소 90마리와 병사 400명이 함께 끌어야 할 정도로 거대했다. 사실 대포 제작자 우르반은 처음에 이 기술을 콘스탄티노플에 먼저 제안했다고 한다. 그런데 재정 상태가 나쁜 비잔틴제국의 황제가 형편없는 조건을 제시하자 오스만제국으로 기술을 넘겼다고 전해진다. 메흐메트 2세의 전폭적인 지원 아래 우르반의 대포는 그때껏 그 누구도 부숴보지 못한 난공불락의 콘스탄티노플 성벽을 위협할 만큼 강력한 무기로 제작되었다. 또한 대전투를 앞두고 무기를 비롯한 엄청난 병력과 국력이 투입되었다.

그러나 수주에 걸친 가공할 포격에도 콘스탄티노플의 성벽은 좀처럼 뚫리지 않았다. 조준이 부정확했고, 한 번 쏘고 나면 다시 장전하기까지 많은 시간이 소요되어 적에게 성벽을 보강할 시간을 벌어주었기 때문이다. 게다가 비잔틴제국 군대가 만의 입구를 쇠사슬로 봉쇄한 탓에 골든혼 안으로 단 한 척의 오스만 함선도 통과할 수 없었고, 쇠사슬을 제거하러 간 배조차 성안에서 뿜어대는 화력을 버텨내지 못했다.

1453년 5월 29일, 그 밤

오스만제국의 함대가 골든혼 내해로 들어가 지상군을 지원하지 않는 한, 그리고 성벽을 지키는 비잔틴제국 군인들의 방어력을 해안 쪽으로 분산시키지 않는 한, 이 전쟁은 승산 없는 장기

철옹성, 콘스탄티노플 │ 메흐메트 2세가 끌고 온 가장 큰 대포는 소 90마리와 병사 400명이 함께 끌어야 할
정도로 거대했다. 그러나 수주에 걸친 포격에도 콘스탄티노플 성벽은 좀처럼 뚫리지 않았다.

전으로 치달을 것임을 메흐메트 2세는 직감했다. 그리고 탁월한 전략을 생각해냈다. 배를 골든혼 맞은편의 토프하네 쪽 육지로 끌어올려 골든혼 북면으로 기습 상륙시키는 작전이었다. 기름칠한 통나무를 마치 컨베이어벨트처럼 늘어놓고 그 위로 함대를 굴려서 언덕 위로 올려 보냈다. 그러고는 그곳에서 다시 골든혼 내해 쪽으로 배를 내렸다. 단 하룻밤 사이에, 적이 눈치 채지 못하게 전격적으로 이뤄진 기상천외한 작전이었다.

이제 육해상 전면전이 시작되었다. 1,000년 제국 비잔티움의 공세도 만만치 않았다. 거센 저항으로 전투는 일진일퇴를 거듭했다. 오스만 군대는 성벽 쪽으로 대대적인 정면 공격을 감행했지만 엄청난 병력 손실을 입고 격퇴당했다. 5월 중순부터는 성벽 아래로 터널을 파들어가려는 시도를 했다. 이에 맞서 비잔틴 군대는 요하네스 그란트라는 기술자를 고용해 역으로 터널을 뚫고 나가 오스만제국군을 격퇴하는 전술을 구사했다. 메흐메트는 공성군에게 천문학적인 포상금을 걸기도 했지만 공성기가 성벽에 붙기도 전에 비잔틴 방어병들이 태워버리는 바람에 별 효과를 거두지 못했다.

보름날인 5월 24일에는 개기월식이 있었다. 달은 콘스탄티노플의 상징이었는데, 그날의 개기월식을 두고 비잔틴제국 사람들은 도시가 패망할 흉조로 여겼다. 콘스탄티노플은 첫 황제와 이름이 같은 황제의 치세기에 멸망한다는 전설도 사람들 사이에 퍼졌다. 당시 황제는 콘스탄티누스 11세, 비잔틴제국의 초대 황제로 여겨지는 콘스탄티누스 1세와 같은 이름이었다. 또한 며칠간 엄청난 뇌우가 퍼부었고 짙은 안개가 자욱했다. 이 모든 것이 콘스탄티노플 패망의 불길한 징조로 여겨져, 방어

군의 사기는 땅에 떨어졌다. 비잔틴제국의 마지막 황제 콘스탄티누스 11세는 더 이상은 버틸 수 없으리라는 것을 예감했다. 하지만 그는 성안의 콘스탄티노플 시민들과 함께 1128년을 지켜온 제국과 운명을 같이하기로 한다.

5월 29일 새벽 1시, 술탄의 총공격이 시작되었다. 제1공격은 5만여 명의 비정규군 보조병 부대였다. 무장도 전투력도 형편없었지만 인해전술로 밀고 들어가 비잔틴 방어병들을 지치게 만들었다. 비정규군이 퇴각하자 곧바로 정규군인 아나톨리아 군단의 파상공세가 이어졌다. 도시 북서쪽의 약한 성벽에 집중된 공격으로 도시의 방어선은 점차 무너졌고, 쉴 틈도 주지 않은 채 정예 부대인 예니체리 군단의 제3차 공격이 이어졌다. 이때 제노바의 용병대장 줄리아니 유스티니아누스 장군이 심각한 부상을 당해 후방으로 실려 갔다. 이에 제노바 용병들의 전열은 무너져내렸고, 이 틈을 놓치지 않은 예니체리 군단이 물밀듯이 외성벽을 치고 들어가 마침내 성벽 탑에 오스만제국의 깃발을 꽂았다.

이를 계기로 전선은 급격히 무너졌다. 날이 채 밝기도 전에 톱카프 궁 쪽의 성벽이 뚫리자 비잔틴 방어군은 앞다퉈 퇴각하고 오스만 군대는 성문을 열고 밀고 들어갔다. 위대한 콘스탄티노플은 맥없이 무릎을 꿇었다. 콘스탄티누스 11세는 황제의 상징인 자줏빛 망토를 벗어던지고 병사들을 이끌고 오스만제국 군대와의 혼전에 합류해 싸우다 결국 로마노스 문 근처에서 장렬히 전사했다. 그후 황제의 모습을 본 사람은 없었다. 비잔틴 시민들이 황제의 시신을 뺏기지 않기 위해 어딘가에 묻었다는 이야기가 전해지지만 그곳이 어디인지 아직까지 수수께끼로 남아 있다. 제국과 운명을 함께한 비잔틴의 마지막 황제는 그렇게 전설이 되었다.

근세의 시작을 알린 콘스탄티노플의 함락

메흐메트 2세는 드디어 승리의 미소를 지었다. 그의 나이 21세였다. 오후 2시경 성안으로 들어간 메흐메트 2세는 맨 먼저 성 소피아 성당으로 향했다. 그는 말에서 내려 흙 한 줌을 모아 터번에 뿌리고 알라께 기도드렸다. 조상들의 오랜 숙원을 이루게 해준 신께 올리는 감사와 찬미의 예배이자 한 제국을 정복하고 한 시대를 지배하게 되었음을 확인하는 장엄한 의식이었다. 앞서 언급했듯이 성 소피아 성당은 모스크로 개조되었다. 유럽 기독교의 심장이자, 그리스정교의 총본산이었던 성 소피아가 모스크로 바뀐 것은 유럽에 대한 오스만제국의 완전한 우위를 대내외에 천명하는 상징적 사건이었다.

오스만튀르크에 항복하거나 그들의 통치 체제를 받아들인 콘스탄티노플 시민들은 목숨을 부지할 수 있었다. 일정한 세금을 내는 조건으로 비잔틴 국민들의 종교와 문화적 관습 또한 존중되었다. 승리한 첫날 오스만제국의 관례에 따라 사흘간의 약탈을 허용했던 젊은 술탄은 하루 만에 모든 약탈과 살상을 금지시켰다. 그는 자신이 통치하게 될 이 위대한 도시를 더 이상 폐허로 만들고 싶지 않았다. 당시 성안에 남아 있던 인구가 약 4만 명 정도였는데, 그중 사망자가 약 4,000명가량이었다.

1453년 5월 29일, 그날은 1,000년을 이어온 동로마제국의 종말과 함께 기독교 유럽의 시대가 막을 내리고, 동양의 이슬람제국인 오스만튀르크의 역사가 새로 시작되는 날이었다. 중세가 마감되고 근세가 시작되는 날, 정복자 메흐메트 2세에게는 '새로운 세상을 열었다는 의미'의 '파티Fatih'라는 칭호가 주어졌다.

고대 그리스의 비자스 왕이 처음 도시를 세웠던 곳에는 로마의 유산과 기독교의 영성을 자부심으로 삼았던 비잔틴제국의 신전과 궁전이 자리했으나, 이제는 오스만제국 600년의 영광과 국력을 과시했던 톱카프 궁전이 들어서 있다. 고대 그리스, 로마, 비잔틴제국, 오스만제국으로 이어지는 도도한 문명 발전의 맥이 이스탄불을 중심으로 뻗어나간 셈이다.

 시대 배경은 다르지만 서로 다른 문화가 한데 섞이고 화해하면서 오늘도 그렇게 자연스럽게 어우러져 있다. 군데군데 쓰러진 그리스 신전의 열주가 지나가는 사람들의 체스판이 되고, 로마 시대의 석관 뚜껑은 간이 식탁이 되어 시민들의 점심 쉼터 노릇을 한다. 일상의 삶에서 유물을 만지거나 디디고 사는 이스탄불 사람들은 소중한 역사 유물을 왜 전시장에 보관하지 않느냐고 묻는 이들을 만나면 웃어넘긴다. 도시 전체가 박물관이기에 굳이 닫힌 공간에 기둥 조각을 가둬둬야 할 이유를 그들은 알지 못하기 때문이다.

 1,000년 넘게 그리스 로마의 문화를 간직해온 비잔틴제국의 멸망으로 많은 그리스인들이 서유럽으로 망명했다. 그리고 그들과 함께 건너간 지식과 문서들, 고대 그리스 로마의 전통이 이탈리아를 중심으로 르네상스를 꽃피우는 원동력이 되었다. 사실 이탈리아 도시들이 그리스 학자들을 받아들이기 시작한 것은 그보다 훨씬 이전의 일이다. 하지만 콘스탄티노플의 함락으로 이슬람이 연구한 그리스 로마의 고전들이 서유럽으로 대거 유입된 것은 분명한 사실이다.

 1453년 이래 이교도의 지배를 받은 지 560여 년. 이스탄불에서는 터키 시민으로서 자유롭게 살아가는 그리스정교도를 많이 만날 수 있다. 그들에게 콘스탄티노플과 그리스정교는 떼려야 뗄 수 없는 영혼의 안식처이기 때문일 것이다. 그리스 총대주교청도 아테네가 아니라 이스탄불에 있다. 500년이 훌쩍 지난 지금까지 여전히 터키 시민으로 살아가는 그리스 사람들. 관용과 공존이 얼마나 아름다운지를 보여주는 역사의 메시지다.

05

이슬람 예술의 집약체

터키 이슬람 예술 박물관

NBUL

성 소피아 성당과 대각선 방향으로 자리한 술탄 아흐메트 광장 서쪽 끝에는 터키 이슬람 예술 박물관이 큰 나무숲에 가려져 있다. 이곳은 16세기 오스만제국 전성기 때 술레이만 대제의 재상을 지낸 이브라힘 파샤의 궁전이었다. 그는 술탄의 절대적 신임 아래 수많은 정복 전쟁을 성공적으로 이끌었고 뛰어난 행정가로 이름을 날렸다. 그러나 그의 오만함은 갖가지 부정과 부패를 낳았고, 결국 그는 처참하게 살해당했다. 그 후 궁전은 그의 모든 재산과 함께 왕실에 귀속되었다가 군대 막사, 대사관, 감옥 등으로 사용되었고, 1983년에 박물관으로 개조되었다.

톱카프 궁전에는 오스만제국 전성기의 유물이, 돌마바흐체 궁전에는 18~19세기 후기 오스만제국의 잔재가 소장되어 있다면, 이브라힘 파샤 궁전은 8세기 초부터 11~13세기의 셀주크튀르크 시대, 14~20세기 오스만제국 시대의 유물까지 다양한 시기의 전시물을 보유하고 있다.

아나톨리아 반도의 새 주인, 셀주크튀르크

사실 지금의 터키 땅은 오랜 기

간 투르크인들과는 역사적으로 상관없는 공간이었다. 투르크인들이 지금의 아나톨리아 반도에 들어온 것은 1071년 이후의 일이기 때문이다. 셀주크튀르크가 비잔틴과의 전투에서 승리하고 파죽지세로 이 땅을 차지하면서 아나톨리아 반도는 하나의 용광로가 되어 고대 오리엔트 – 그리스 – 로마 – 비잔틴 – 이슬람을 녹여 새로운 문명을 창출하는 산실이 되었다. 이로써 아나톨리아 반도는 이후 1,000년간 세상의 중심에 설 수 있었다.

그렇게 그들은 600년 역사의 오스만제국을 이루었다. 아프리카, 아시아, 유럽, 중동을 아우르고 지중해, 흑해, 홍해, 카스피 해, 걸프 해, 인도양을 내해처럼 호령하며 세상의 바다를 품었다. 2,000년 민족 이동의 역사를 통해 만주 벌판에서부터 유럽 심장부까지 통치했다. 그런데도 그 세상을 영토사의 관점에서 자신들의 것으로 고집하지 않는다. 투르크족으로 살아왔던 민족사를 자랑스럽게 여기며 역사적 정체성을 만들어갈 뿐이다. 그들은 아시아에 뿌리를 두면서도 유럽으로 나아가는 진취적 기상을 지녔다. 터키 사람들을 만나보면, 자기네 것을 지킬 수 있는 강한 국방력을 가졌지만 남의 나라 것을 넘보려는 야욕이 읽히지 않는다. 자신들의 역사와 문화에 대한 자긍심 또한 특별하다. 그들은 명예와 자부심을 먹고사는 민족이다.

원래 투르크인들은 멀리 만주 일원과 중앙아시아에서 우리 민족과 이웃하며 한 뿌리로 함께 살았다. 터키 사람들이 자국의 이러한 역사를 어떻게 기술할지 궁금해서 터키 교과서들을 살펴본 적이 있다. 터키의 역사 교과서를 펼치면 1장의 흉노로 시작해 2장부터 돌궐 – 위구르 – 셀주크튀르크 – 오스만튀르크 – 터키공화국 순으로 전개된다. 그렇다면 자

터키 이슬람 예술 박물관 전경 | 군사력과 정치체제만으로 대제국을 이룰 수 없다. 중앙아시아 유목 민족은 비잔틴제국과 페르시아 문화를 포용하고 실크로드를 따라 중앙아시아와 투르크계 문화, 중국과 인도 문화까지 받아들였다. 다른 문화를 전폭적으로 받아들이는 열린 정책이야말로 이슬람 문화의 발전과 성장을 가져다준 바탕이 되었다.

신들의 영토였던 고대 메소포타미아, 히타이트, 프리기아, 리디아, 그리스, 로마, 비잔틴 같은 제국의 찬란한 역사를 터키 사람들은 어떻게 받아들일까? 그것은 세계사 영역에서 포섭해 다루되 다른 나라의 역사보다 훨씬 비중 있게 가르치고 있다. 수많은 제국이 세워지고 스러졌지만 터키 사람들은 철저하게 민족사의 개념으로 자국의 역사를 가르치는 것을 확인할 수 있었다.

터키 이슬람 예술 박물관은 투르크족이 지금의 아나톨리아 반도에 들어오기 전의 역사와 초기 역사를 가장 잘 정리해 전시한 곳으로 꼽힌다. 중앙아시아의 유목 사회 구조와 전통을 바탕으로 페르시아 문화를 익혀온 셀주크튀르크가 새롭게 비잔틴제국과 서양의 요소들을 받아들이는 변화 초기의 문화적 모습을 만날 수 있는 곳이다. 특히 셀주크튀르크의 뿌리가 된 아나톨리아의 문화를 한꺼번에 이해할 수 있는, 가장 잘 정리된 이슬람 문화 박물관으로도 평가받는다.

아담한 정원의 계단을 따라 박물관 안으로 들어선다. 어두운 불빛 아래 유물들이 저마다의 은은한 빛을 발한다. 유물들이 자신의 긴 이야기를 쏟아놓는 듯하다. 이곳을 방문할 때마다 전시 유물도 매번 바뀌고 실내 구성도 달라진다. 주 회랑 벽면에 셀주크 시대나 17～18세기의 카펫을 걸어놓아 전체적인 분위기가 아늑하고 부드럽다. 벽기둥 상단에 얹혀 처마를 지탱하는 초기 그리스 건축 양식의 셀주크 시대 기둥 주두가 인상적이다. 아라베스크 문양에 역동적인 동물들을 새겨 넣은 초기 셀주크 시대의 독특한 조각품들도 눈길을 끈다. 오스만튀르크 시대에 모스크에서 사용했던 등과 향로도 있고, 술탄의 칙령을 기록한 자료들도 눈여겨볼 만하다. 체계적인 사회구조와 법 제도, 재산권에 관한 최고 통치자의 명령이 잘 설명되어 있다. 셀주크 시대의 카펫을 전시한 방에는 높은 천장의 장점을 한껏 살려 500~600년 된 희귀한 대형 카펫을 전시하고 있다. 이곳에서는 민속 공예부터 복식, 창문과 가옥 구조 등 건축에 이르기까지 독특한 문화를 경험할 수 있다.

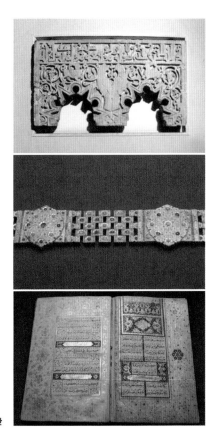

위부터 기둥 장식, 이슬람 문양의 벨트, 코란

이슬람이라는 용광로

이슬람교가 태동한 메카는 문화적 자양분이 축적되지 못한 오아시스 한가운데 자리 잡고 있었다. 새로운 종교 이념이 주는 선험적 우월감, 강력한 군대 조직, 공납 제도, 토지 개혁과 관용적인 피지배 민족 정책 등을 통해 탄탄한 사회 조직의 기초를 다져가고 있었지만 문화 콘텐츠는 절대적으로 부족했다. 외관이 튼튼한 용광로는 갖췄으나 사회적 구심점이 없는 셈이었다.

이런 상황에서 이슬람은 정복 전쟁으로 영토를 확대해나가면서 주변 국가의 문화와 지식 체계를 이슬람이라는 용광로 속에 녹여 온몸으로 받아들였다. 이슬람 문화의 가장 두드러진 특징인 융화력과 재창조 정신, 다른 문화를 전폭적으로 받아들이는 열린 정책이야말로 이슬람 문화의 발전과 성장을 가져다준 바탕이 되었다.

또한 페르시아 문화를 포용함으로써 몇 단계 더 성숙했고, 실크로드를 따라 중앙아시아와 투르크계 문화, 중국과 인도 문화까지 받아들였다. 이슬람은 메카로부터 멀어질수록 보다 풍성하고 다문화·다종교 공존의 정신이 살아 있는 문화를 일궈낸 반면, 메카와 가까워질수록 근엄하고 투박하며 무미건조해졌다.

메카에서 출발해 동방으로 향하던 이슬람이 주변 문화를 수용하고 발전하면서 꽃을 피운 동쪽의 금자탑이 17세기 무굴제국 시대의 타지마할이라면, 방향을 바꾸어 북아프리카와 지중해, 에스파냐의 가톨릭 문화까지 집대성해 서쪽 끝에서 빛을 발한 작품이 15세기 그라나다의 알함브라 궁전이다.

현대 건축가들은 이 두 건축물을 동양과 서양을 대표하는 최고의

118

예술 건축으로 꼽는다. 공교롭게도 모두 이슬람의 영향을 받은 건물로, 이슬람 건축의 위대함을 다시 한번 확인할 수 있다.

오묘한 신의 섭리를 표현한 예술, 아라베스크

꽃, 덩굴, 나무와 같은 자연물 형상에 기하학적인 아랍어 글꼴의 장식성을 더해 완성한 장식 문양을 아라베스크라고 한다. 아라베스크가 가장 잘 표현된 것은 타일과 카펫이다. 모스크의 모든 벽면은 색상이 아름다운 아라베스크 무늬 타일로 장식되어 있다. 카펫도 아라베스크 디자인 예술품이라 할 만하다. 카펫의 디자인은 크게 꽃무늬와 기하학적 무늬로 나뉜다. 꽃무늬는 주로 페르시아와 인도에서, 기하학적 무늬는 캅카스와 중앙아시아의 투르코만 지역에서 즐겨 사용했다. 터키에서는 두 가지 무늬를 모두 애용했는데 그중 기하학적 무늬를 조금 더 많이 사용했다.

같은 문양과 디자인이라도 문화권에 따라 해석이 달랐다. 용은 중국에서 '황제'를 의미하지만 페르시아에서는 '악마'를, 인도에서는 '죽음'을 의미한다. 간혹 페르시아 카펫에 등장하는 날짐승들은 조로아스터교의 영향으로 '선과 악의 싸움'을 의미한다. 식물이나 꽃, 심지어 기하학적 무늬에도 특별한 의미가 내포되어 있다. 실삼나무는 '슬픔'과 '사후의 영원성'을, 대추야자나무나 코코넛나무는 '축복'과 '충족'을 의미한다. 작약은 '부'를, 연꽃은 '가문의 영광'을 상징한다. 기하학적 문양에 속하는 중국의 만卍 자 무늬는 '평화'를 상징한다. 간혹 이슬람의 상징으로 묘사되는 초승달은 '진리의 시작' 또는 '신앙심'을 의미하며, 끝없이 연결되는 매듭 모양의 기하학적 무늬는 '지혜'와 '불멸'을 의미한다.

이슬람 예술의 가장 큰 특징은 사람이나 동물을 형상화한 문양을 넣지 않는 것이다. 하느님만을 섬기고 하느님 이외에는 그 누구에게도 고개를 숙이거나 경배하지 말라는 이슬람교의 철저한 가르침에 근거한 종교적 금기 때문이다. 이슬람교는 우상으로 전락할 수 있는 성화나 성물을 만들어 숭배하는 다른 종교들의 의식에 경멸의 눈길을 보냈다. 아라베스크는 이러한 종교적 배경에서 태어난 대안적 예술이자 새로운 문화였다. 이슬람 세계에서는 모든 예술이 하느님의 뜻을 받드는 도구였고, 아라베스크의 시작도 끝도 없는 반복과 대칭 구도 자체가 바로 오묘한 신의 섭리를 표현한 예술이었다.

무미건조한 종교적 근엄함에 갇혀 있던 무슬림 예술가들은 아라베스크라는 새로운 분출구를 통해 그들의 예술성을 집약적으로 표출하기 시작했다. 정교하고 화려한 꽃과 잎, 아름답게 뻗어가는 나뭇가지, 그리고 물과 정원이 어우러진 천국……. 신의 메시지를 전하는 코란의 기하학적인 서체는 사람의 마음을 움직이고 역동적인 창조성을 자극했다. 음양의 조화, 좌우대칭, 반복과 회전, 꼬리에 꼬리를 물고 이어지는 철학, 디자인의 상상력과 같은 인간의 모든 예술적 성향이 아라베스크라는 시험 무대를 거쳤다.

아라베스크는 색감 또한 화려하다. 사실 이슬람이 태동한 사막은 색이 없는 공간이다. 무채색의 공간에서 본 적도 없는 색을 표현해야 했던 것이다. 그들은 색깔이란 하느님이 창조한 것이므로 신의 모습을 표현하는 데 신이 만든 모든 색깔을 사용해 조화롭게 표현해야 한다고 생각했다. 절절한 열망과 고양된 상상력을 모으지 않고서는 눈으로 본 적도 없는 색을, 그것도 신을 표현하는 색을 만들어낼 수 없다. 아프리카 예술의 원색은 늘 보는 색을 재현한 것이어서 자연적이고 인간 친화적인 색인 데 반해 아라베스크의 색은 범접할 수 없는 신 친화적인 색이라고 할 수 있다.

아라베스크 문양의 벽 또한 이슬람 예술에서 빼놓을 수 없다. 신은 현재의 자리에서 그 모습 그대로 영원불변해야 한다. 그렇기에 신의 의지를 표현하는 캔버스에도 유동성이 있어선 안 된다. 변색도, 흐트러짐도, 세월에 따른 변화도 용납되지 않는다. 어떤 풍파에도 손상되어선 안된다. 하느님의 색깔이 어떻게 변할 수가 있겠는가? 그래서 그들은 벽을 캔버스로 삼았다. 고온의 불에서 구운 고강도 타일을 미술 도구로 삼고, 신이 자리하는 공간인 모스크에 아라베스크 문양의 타일이 쓰이게 된 이유다.

아라베스크 무늬는 고구려, 백제, 신라 시대부터 우리나라에도 널리 쓰였다. 처마의 와당 장식, 불교 사찰의 단청, 청자나 백자에 그려진 문양, 전통 가옥의 문살 등에 흔하게 쓰인 문양의 원형이 바로 아라베스크다. 지금은 식물의 형태를 도안화한 '당초문唐草紋'으로 알려져 있다.

아라베스크는 훗날 다른 예술 분야에도 큰 영향을 주었다. 음악에서 아라베스크는 하나의 악상을 화려한 장식으로 전개하는 악곡을 뜻한다. 슈만은 1839년에 작곡한 피아노 소곡에 '아라베스크'란 제목을 붙였고, 드뷔시의 초기 피아노곡도 아라베스크 계열의 작품으로 유명하다. 무용에서는 한 발로 서서 한 손은 앞으로 뻗고 다른 한 손과 다리는 뒤로 뻗는 고전발레 자세를 일컬어 '아라베스크'라고 부른다.

(위) 코란 자개 장식, (오른쪽) 아라베스크 문양 타일 | 사람이나 동물을 형상화할 수 없는 종교적 금기는 아라베스크라는 대안적 예술, 새로운 문화를 낳았다. 아라베스크의 기하학적 무늬마다 특별한 의미가 있는데 대추야자나무나 코코넛나무는 '축복'과 '충족'을 의미한다. 작약은 '부'를, 연꽃은 '가문의 영광'을 상징한다. 끝없이 연결되는 매듭 모양의 기하학적 무늬는 '지혜'와 '불멸'을 의미한다.

신의 뜻을 의식에 새기는 도구, 캘리그래피

　　　　　　　　　　　　　캘리그래피는 이슬람 미술에서 아라베스크와 함께 발전한 예술 장르다. 코란이나 이슬람교의 교훈 등을 아름답고 신비로운 서체 미술로 표현한 이슬람 캘리그래피는 신성 예술의 꽃, '신의 목소리를 보여주는 예술'이다.

　'알라'는 아랍어로 '신'이라는 뜻이다. 이슬람교의 알라는 전지전능한 절대자이고, 우주 삼라만상을 존재하게 한 창조주이자 유일신이다. '하느님'보다는 '하나님'에 가깝다. 알라는 모든 것이다. 세상에 존재하는 모든 것, 인간을 포함한 모든 존재의 변화와 흐름은 알라를 기리고 앞세우는 일에 다름 아니다. 따라서 인간의 삶은 알라의 이름 아래서야 비로소 의미를 갖는다. 코란의 모든 구절의 첫 문장은 "비스밀라 히르라흐마니라힘(자비롭고 자애로우신 알라의 이름으로)"으로 시작된다. 동물을 도축할 때도 "비스밀라(알라의 이름으로)"를 세 번 암송함으로써 그 생명체의 희생을 기린다. 음식을 먹을 때도, 계단을 오를 때도, 힘든 일이 있을 때도 "비스밀라"를 입에 달고 살아간다. 실체와 허구, 성과 속, 허용과 금기, 안심과 불안의 간극을 느낄 때 탄성처럼 뱉는다.

　그들은 알라의 가르침을 글자로 기록한다. 그것은 신의 목소리를 기록하는 것을 넘어 신의 뜻을 의식에 새기는 일이다. 이것이 이슬람 캘리그래피가 갖는 의미다. 이슬람 캘리그래피에서 '알라'와 '비스밀라 히르라흐니라힘'이란 단어가 중심을 이루는 것은 지극히 당연하다.

　알라가 그의 메시지를 인간 세상에 전해줄 마지막 예언자로 택한 '무함마드'는 알라 다음으로 중요하게 여겨지는 이슬람 캘리그래피의 키워드다. 박물관 2층 입구에 이르자 양피지에 그려진 붓글씨 액자가 눈

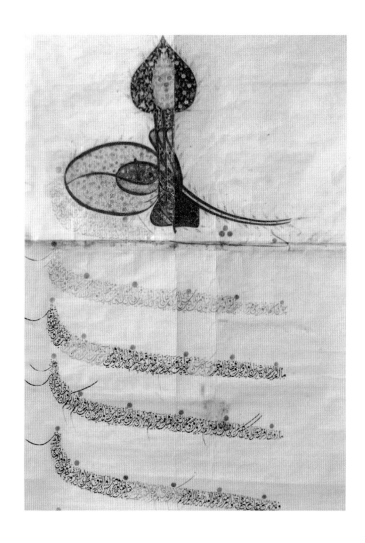

이슬람 캘리그래피 ｜ 아름답고 신비로운 서체 미술. 이슬람 캘리그래피는 코란이나 이슬람교의 교훈 등을 기록하는 데 쓰이는 신의 목소리를 보여주는 예술이다.

길을 사로잡는다. '알라Allah' 절대 신을 어떻게 한 단어로 묘사할 수 있을까? 그리고 그 옆에는 또 다른 글자 '무함마드'가 그려진 빛바랜 족자가 걸려 있다. 그 글자에 얼마나 많은 염원을 새기고 얼마나 많은 찬미를 담았을까. 한참 동안 자간의 여백에 담긴 목소리에 귀를 기울여본다. '알라'가 천상에서 지상으로 전하는 메시지는 위아래로 아우르며 오른쪽에서 왼쪽으로 비교적 평행으로 그려졌다면, '무함마드'는 위에서 대각선으로 사각 지점들을 거쳐 내려온다. 집의 벽이나 책상 위에 '알라'와 '무함마드'라는 글자의 캘리그래피가 걸려 있는 한, 누구든 신의 섭리를 거스를 수 없다. 영적인 보호 공간이 되는 셈이다.

무슬림들은 선험적 우월감, 무슬림임을 끊임없이 자각하게 해주는 금언, 죽어서 알라에게 돌아가리라는 믿음을 담은 한마디를 새기며 산다. "라 일라하 일랄라 무함다단 라술룰라(알라는 한 분이고 무함마드는 그분의 사도다)." 이 구절을 외우고 받아들임으로써 비로소 무슬림이 된다. 비무슬림이 무슬림이 되는 첫 관문인 셈이다. 이슬람의 첫번째 의무인 '신앙 고백'도 이 구절을 외우는 것으로 시작된다. 알라, 즉 유일신만을 믿고 무함마드가 알라가 보낸 예언자임을 증언함으로써 진정한 무슬림이 된다. 다른 무슬림들과 비로소 한 가족이 되며 내세의 영생을 함께할 동반자가 된다.

재상이 된 노예, 이브라힘 파샤

박물관을 나오면 안뜰에서 깔끔하고 세련된 기념품 숍과 함께 예쁜 박물관 카페가 관람객을 맞아준다. 재상 이브라힘 파샤의 궁전에 딸려 있던 고즈넉하고 고풍스러운 정원이다. 이 궁전의 주인이었고 오스만제국 역사에서 가장 드라마틱한 삶을 살았던 이브라힘 파샤의 이야기를 빼놓을 수 없다. 그는 기독교인으로, 1493년 그리스에서 평범한 어부의 아들로 태어났다. 행운인지 불행인지 여섯 살 때 해적들에게 납치되어 터키로 끌려와 마니사에 노예로 팔려갔다. 이브라힘의 총명함을 알아본 주인은 그를 공부시켜 다재다능한 인재로 키웠다. 마침 마니사에서는 후일 술탄이 될 술레이만 황태자가 제왕이 되기 위한 경험을 쌓고 있었다. 둘은 우연한 기회에 절친한 친구가 된다.

이후 술탄이 된 술레이만의 부름을 받아 궁으로 들어간 이브라힘은 시종이자 친구로서 술탄에게 많은 조언을 하게 된다. 발칸반도의 베오그라드, 그리스의 로도스 등지의 원정에서 큰 공을 세운 그는 아나톨리아와 루멜리의 총독과 같은 고위직을 거쳐, 1523년 30세의 나이에 최고위 관료직인 재상에 임명된다. 게다가 술탄 술레이만의 여동생 하티제와 혼인해 권력의 절정기를 누렸다. 하지만 행운이 지나쳤던 것일까. 모든 독점적인 권력이 그렇듯 그는 술탄을 위협하는 존재가 되었고 그 자신도 오만과 야욕에 중독되었다. 결국 43세 때인 1536년, 형제나 다름없었던 술레이만의 지시로 살해당해 비참한 최후를 맞았다.

비록 비극적인 죽음이었지만 이브라힘의 이야기는 개인의 흥망성쇠에 투영된 권력의 무상함을 보여줌과 동시에, 비천한 이교도 출신의 노예가 재상에 오를 수 있는 오스만제국의 가능성을 상징한다. 또한 뛰어난 재상이자 술탄의 벗으로서 오스만을 위대한 대제국의 반열에 올려놓았다는 평가를 받는다.

06

사그라지는 오스만제국의
마지막 불꽃

돌마바흐체
궁전 박물관

돌마바흐체 궁전 안의 모든 시계는 9시 5분에 멈춰 있다. 600년 역사의 오스만 대제국을 멸망시키고 터키공화국을 세운 터키 건국의 아버지, 케말 아타튀르크가 1938년 이 궁전에서 숨을 거둔 시각이다. 그의 사망을 애도하고 기억하기 위해 맞춰놓은 일종의 추모 의식이다.

'채워진 정원'이란 의미의 돌마바흐체는 사그라지는 오스만제국의 마지막 불꽃을 담은 화려하고 아름다운 궁전이다. 압둘 메지드 1세의 명에 따라 당대 최고의 건축가 발리안이 13년에 걸쳐 보스포러스 바닷가에 세웠다. 외국 사신을 영접하는 기능에 중점을 두고, 스러져가는 오스만제국의 부와 마지막 힘을 과시하려는 정치적 목적에서 매우 호화롭게 대규모로 꾸몄다. 프랑스의 베르사유 궁전을 본떠 바로크와 로코코 양식에 터키 특유의 건축 양식을 더했다.

제국의 멸망을 재촉한 신호탄

1856년에 완공한 돌마바흐체는 공공건물, 왕의 집무 홀, 하렘 등 크게 세 부분으로 구성되어 있다. 285개의 방

페리에서 바라본 돌마바흐체 궁전 | 해변을 따라 300미터 정도 길게 뻗어 있는 궁전은 밖에서 바라보면 베르사유 궁전을 빼닮았다.

돌마바흐체 궁전 입구 │ 은은한 잿빛 대리석 벽면에 역동적인 하얀 오닉스 조각상을 머리에 인 정문은 그 자체로 하나의 예술품이다.

과 43개의 홀, 6개의 발코니와 6개의 하맘이 있었으며, 280개의 화병, 156개의 시계, 58개의 크리스털 촛대, 보헤미아·베네치아·프랑스 지방에서 제작된 크리스털 세공품과 영국제 크리스털 샹들리에 36개와 수많은 수제품 카펫으로 장식되었다. 내부 장식에 무려 금 14톤과 은 40톤을 사용한 돌마바흐체 궁전의 건축 경비는 500만 금화, 지금의 화폐 가치로 5억 달러에 이른다. 당시 오스만제국의 재정 상황으로는 상상조차 하기 어려운 무모한 공사였기에 제국의 멸망을 재촉하는 신호탄이 되었다. 화려함과 과시적 사치 뒤에 어김없이 찾아오는 제국 패망의 전형을 보여준다고 할 수 있다.

그런데 술탄 압둘 아지즈는 이것으로도 모자라 선왕의 돌마바흐체 궁전을 버리고, 1874년에 이곳에서 1킬로미터 떨어진 북쪽 해안에 츠라안 궁전을 새로 지었다. 현재 이곳은 부호나 국가원수 들이 옛 제왕이 된 듯한 기분을 만끽하는 초호화 호텔로 바뀌었다. 압둘 아지즈의 뒤를 이은 술탄 압둘 하미드 2세 또한 츠라안 궁전을 마음에 들어하지 않았다. 그는 바로 옆의 이을드즈 언덕에 있던 별궁을 확대 개조해 궁전을 만들고 그곳에서 정사를 보았다. 제왕들은 600년 제국을 망국의 길로 거침없이 내몰았던 것이다.

그뿐이 아니다. 보스포러스 해협의 아시아 해변 쪽에는 베일레르베이 궁전이 보인다. 츠라안 궁전을 지었던 술탄 압둘 아지즈가 여름에만 쓸 별장으로 지었던 유럽풍 궁전이다. 이 궁전 위로 1973년에 개통된 유럽과 아시아를 잇는 최초의 가교, 보스포러스 다리가 지나간다.

궁극의 화려함, 돌마바흐체 궁전

돌마바흐체 궁전과 정원은 20세기 초의 아름다운 모습을 그대로 간직하고 있다. 해변을 따라 300미터나 길게 뻗어 있는 궁전은 밖에서 바라보면 베르사유 궁을 빼닮았다. 정문을 지키는 터키 초병의 근엄한 표정과 곧은 자세는 한 시대를 호령했던 왕실의 위엄을 어렴풋이 전해준다. 정문을 지나 만나는 정원 안뜰에는 수천 종의 나무와 화초가 무성하고, 연못의 분수가 물을 뿜고 있다. 하늘 높이 솟구친 고딕 양식의 종탑과 미나레트를 보면 아찔한 현기증이 인다.

돌마바흐체 궁전 정원 │ 정문을 지나 만나는 정원 안뜰에는 수천 종의 나무와 화초가 무성하고, 연못의 분수가 물을 뿜고 있다.

돌마바흐체 궁전 내부 | '채워진 정원'이란 의미의 돌마바흐체에는 방 285개, 홀 43개, 화병 280개, 시계 156개, 크리스털 촛대 58개, 영국제 크리스털 샹들리에 36개를 갖췄고, 내부 장식에 금 14톤과 은 40톤을 썼다.

궁전 안으로 들어서면 휘황함에 머리가 어지러워진다. 벽이며 천장, 집기에 온통 금을 발랐다. 순금 밥그릇에 산호 손잡이, 유럽 최고의 크리스털 식기들, 세계 최고라는 수식어에 걸맞은 4,500킬로그램의 샹들리에, 카펫, 유럽 미술 거장들의 그림, 은제 시계, 곰 가죽, 일본 메이지 시대 화조도, 투명한 옥으로 장식한 하맘까지, 인간이 얼마나 화려함을 탐하는지 확인할 수 있다. 배들이 늘어선 돌마바흐체 선착장에는 예쁜 모스크가 들어앉았다. 1851년에 완공된 술탄 왈리데 모스크다. 어두컴컴한 예배당에 촛불을 켜고, 고개가 아플 정도로 높다란 천장을 올려다보면 꼭대기의 스테인드글라스 창을 통해 들어오는 빛마저 신비롭게 느껴진다. 예배를 하다 보면 모스크 창 너머로 바다가 보이고, 바다 너머로 아시아가 바라다보인다.

오스만제국의 마지막 황태자, 메흐메트 오르한

제국의 멸망을 지켜보았던 돌마바흐체 궁전에 얽힌 슬픈 현대사는 우리의 가슴을 적신다. 오스만제국의 마지막 황태자 메흐메트 오르한 오울루Mehmed Orhan Osmanoğlu에 관한 이야기다(공식적으로 황태자 지위에 오르지는 못했지만 후일 42대 오스만 가문의 수장으로 임명되었으며 터키 학계와 일반 국민들 사이에서는 황태자Şehzade로 불리고 있다). 오스만 대제국은 1차 세계대전 때 영국, 프랑스, 러시아 등의 연합군에 대항하는 독일, 오스트리아 동맹군에 가담했다가 전쟁에 패한다. 제국은 산산조각이 났고, 마침내 독립 전쟁의 영웅 케말 아타튀르크에 의해 1923년 터키공화국으로 새롭게 탄생한다.

터키 의회는 1924년 3월 3일 특별법을 만들었고, 오스만제국 황실에 국가 패망의 책임을 물어 24시간 안에 조국을 떠나 50년 이내에는 돌아올 수 없다는 최후통첩을 전했다. 방탕과 무능에 대한 준엄한 역사적 심판인 셈이다. 황족들은 모든 재산을 압류당하고 생활용품만 챙겨 쫓기듯 나라를 빠져나갔다. 패망한 제국의 후예들에 대한 예우는 없었다.

파리에 정착한 오스만 황족들은 몇 달 만에 그나마 가진 재산까지 탕진한다. 국민들이 겪었을 애환과 고통을 이제야 느꼈겠지만 돌이킬 수 없는 일이었다. 가족들은 뿔뿔이 흩어져 생활전선에 뛰어들어야 했고, 15살의 메흐메트 오르한도 예외는 아니었다. 황태자 압둘 카디르의 아들로, 오스만제국의 자랑스러운 후계자감이었던 오르한은 유난히 영민해 영어, 프랑스어, 이탈리아어, 스페인어, 헝가리어, 아랍어, 포르투갈어, 터키어 등 다양한 언어를 구사했으며 비행기 조종사 자격증까지 보유하고 있었다. 그런 그가 이제 당장 빵 한 덩이, 커피 한 잔 살 돈을 구하기 위해 일자리를 찾아 헤매야 했다.

파리의 높은 물가를 감당하지 못한 그는 중동으로 건너가서 레바논의 베이루트와 시리아의 다마스쿠스를 왕복하는 택시기사로 연명했다. 황실에서 곱게 살아온 황태자에게 낯선 타국에서의 운전사 노릇은 벅찬 노동이었고, 결국 교통사고로 몸까지 망가진다. 그러나 얼마간 회복한 뒤엔 브라질로 건너가서 조선소 막노동을 한다. 하지만 그곳에서도 안정적으로 정착할 수 없었던 그는 다시 파리로 돌아와 주어진 일을 닥치는 대로 했다. 청소부는 물론 건물 경비 일도 했고, 관광지에서 사진을 찍어주기도 했다. 파리 생활에 익숙해진 이후에는 공원묘지 관리인으로 생계를 이어갔다.

어렵고 고단한 생활을 하면서도 황태자는 소원 하나를 가슴 깊이 품고 살았다. 그는 일을 마치거나 주말에 시간이 나면 오를리 공항 3층 출국장에 있는 카페에 오래도록 앉아 있었다. 종업원의 말에 따르면, 황태자가 나이가 들어 더는 일을 할 수 없게 된 때부터는 단 하루도 빠지지 않고 그곳에 들러 비행기가 이륙하는 모습이 가장 잘 보이는 자리에 앉아 커피를 마시곤 했다고 한다. 터키 이스탄불로 향하는 비행기가 뜨는 오를리 공항. 20여 년을 매일 같이 카페에 앉아 다시는 돌아갈 수 없는 조국을 그리며 쓸쓸한 마지막을 기다리고 있었던 것이다.

점점 노쇠해진 그는 결국 오스만 왕조들이 모여 사는 프랑스 남부 니스에 정착해 매달 160달러의 연금으로 생활했다. 시간이 흘러 우연히 이 사실이 신문을 통해 터키 국민들에게 알려졌고, 황태자가 죽기 전에 조국을 방문할 기회를 주자는 동정 여론이 일어났다. 그동안 황태자가 오스만제국의 후예로서 치른 고통과 속죄에 많은 터키 국민들이 눈시울을 붉혔다. 정부도 임시법을 통과시켜 터키 여권을 발급했고 1992년, 드디어 그를 조국으로 초청했다. 그렇게 해서 황태자는 여든셋의 나이에 터키로 돌아왔다. 68년만의 방문이었다. 어렸을 때 뛰놀았던 돌마바흐체 궁전 정원이 내려다보이는 보스포러스 해협의 다리에서 지난날을 회상했다. 열흘 동안 그의 모습이 생중계로 전해졌고, 성성한 백발에 주름이 깊게 팬 촌로 같은 황태자의 모습에 많은 이들이 연민을 느꼈다.

그렇게 짧은 시간이 지나고 다시 프랑스로 되돌아갈 시간이 다가왔다. 시민들은 아쉬워했다. 비록 나라를 잃게 한 황실의 적통자이지만 어린 황태자에게 역사적 책임을 모두 전가하는 것은 지나치다는 여론이 일었다. 터키가 이만큼 발전해 국제사회의 선도적인 국가가 된 만큼 그가 여생을 조국에서 보낼 수 있게 하자고 했다. 대제국의 영광을 간직한 국민으로서 황태자를 이렇게 방치한다는 것은 수치스럽다는 여론도 뜨거웠다. 결국 터키 정부도 국민들의 뜻을 존중해 그에게 별장을 마련해주고 여생을 편히 지낼 것을 정중히 요청했다. 그러나 그는 모든 제안을 거절하고 다음 날 파리행 비행기로 출국한다. 국민들의 호의를 저버린 이유를 묻는 기자들에게 그는 짧게 답했다.

"나는 나라를 잃은 죄인입니다. 더욱이 70년 동안 이 나라에 세금 한 푼 내지 않았는데, 내가 어떻게 다시 이 땅에 발을 붙이고 살 수 있겠습니까? 그것은 오스만제국의 자존심과 명예에 흠집을 내는 일입니다. 여러분의 용서와 사랑만으로도 저는 이제 죽어도 여한이 없습니다."

그리고 얼마 후 그는 니스에 있는 자신의 허름한 아파트에서 생을 마감했다.

07

반경 1킬로미터 이내 집적된
동서양 5,000년의 역사

이스탄불 거리 박물관

몸이 무거운 여행지에서 맞는 새벽, 인근의 모스크에서 울려 퍼지는 아잔Azan 소리가 창으로 스며든다. 아잔은 아침이 밝아오는 것을 알리는 시계이자 새벽 예배를 보러 오라고, 신을 만나러 오라고 청하는 음악이다.

이스탄불 시민들은 여름날 새벽 4시 무렵, 지중해에서 밝아오는 여명을 안고 퍼지는 아잔 소리로 하루를 시작한다. 새벽 아잔으로 하루를 열고, 정오 아잔으로 점심때임을 알고, 오후 아잔으로 하루가 깊어졌음을 깨닫는다. 일몰 아잔으로 일을 정리하고, 취침 전 아잔을 통해 하루를 마무리하고 내일을 준비한다. 3만 곳이 넘는 모스크에서 각각 약간의 시차를 두고 반복되는 아잔 소리는 은은한 하모니를 이룬다. 해가 있는 날은 태양의 움직임으로도 하루 시간을 가늠할 수 있지만, 비가 오거나 흐린 날은 아잔이 요긴한 생활 시간표가 된다. 신의 오케스트라와 함께 하루를 시작할 수 있다는 것은 1,500만 이스탄불 시민들에게 더없는 축복이다.

날이 밝아 하루 일과가 시작되면 이스탄불의 모스크는 어느새 예배 장소에서 역동적인 삶의 공간으로 바뀐다. 모스크에 딸린 가게들이 일제히 문을 열고, 모스크 입구마다 달려 있는 수도꼭지에는 물을 길으려

골든 혼에서 바라본 이스탄불 구시가

블루 모스크의 밤 ┃ 모스크는 신과 인간을 연결해주는 신성한 장소이자 공동체의 정신적 · 물질적 구심이다.

는 시민들이 줄을 선다. 사람들이 몰려들면서 만남과 모임이 하루 종일
이어진다. 중간중간 기도를 통해 자신의 죄를 내려놓는 청산의 시간을
갖기도 한다. 모스크 학교에서는 아이들이 코란을 배우고, 죽은 자를 위
한 예배가 끝나면 영면에 든 이웃 할아버지는 모스크 뒤뜰 묘지에 묻힌
다. 길을 잃거나 여비가 떨어진 여행자들은 먹을 것과 잠잘 곳을 청하며

모스크로 찾아온다. 모스크는 가난한 자들의 마지막 쉼터이기도 하다. 이스탄불 시민들의 여유로운 모습은 모든 것을 너그러이 품어주는 모스크가 있기에 가능한 것이다.

이스탄불에는 성당 건축 양식이 보존된 모스크가 군데군데 많이 남아 있다. 모스크는 예배를 통해 신과 인간을 연결해주는 신성한 장소이자 공동체의 정신적 · 물질적 구심점으로서 삶을 끌어안는 역동적인 현장이다. 이러한 복합적 기능을 가진 모스크 건축을 '퀼리예 Külliye'라고 부른다. 가장 대표적인 것이 이스탄불에 있는 쉴레이마니예 모스크다. 쉴레이마니예 모스크를 중심으로 이스탄불 대학과 병원, 고문서 도서관, 목욕탕이 있고, 그 주변을 '카팔르차르시 Kapalıçarşı'라 불리는, 터키의 전통 특산품과 기념품을 판매하는 대표적 명소인 그랜드 바자르가 둘러싸고 있다. 그만큼 쉴레이마니예 모스크를 찾아가는 길은 여러 갈래다. 언덕 위의 높은 첨탑만 놓치지 않는다면 어느 방향에서나 골목을 따라 오르면 쉽게 찾을 수 있다. 활기찬 도시의 중심에 모스크가 있다.

억눌린 삶에서 해방되는 공간, 블루 모스크

예전에 이스탄불에서는 하늘을 향해 솟은, 발코니가 있는 호리호리한 원통형 첨탑이 유행했다. 보통 작은 모스크는 첨탑을 하나 세우는데, 규모에 따라 두 개 이상 세우기도 한다. 오스만제국 시대에 모스크의 규모가 커지면서 첨탑은 서너 개로 늘어났고, 17세기 초에 지은 술탄 아흐메트 모스크의 첨탑은 여섯 개에 이른다. 이 아름다운 고딕 양식 첨탑을 거느린 모스크가 바로 세계인들

블루 모스크 입구

의 찬사를 받고 있는 블루 모스크다.

블루 모스크 내부로 들어서면 카펫이 횡렬로 나란히 줄 맞춰 깔려 있다. 여기엔 일렬로 서서 평등한 예배를 드리자는 뜻이 담겨 있다. 알라 앞에 모든 인간이 평등하므로, 신분이나 나이, 빈부에 상관없이 모든 신자가 한 줄로 서서 예배를 본다. 술탄의 자리가 따로 마련되어 있기는 하지만, 평민과 술탄이 함께 예배를 볼 수 있는 공간이 모스크다. 앞쪽에 예배를 볼 자리가 남아 있는 한 절대 뒷줄을 만들지 않는다. 성직자도 계급도 없는 자유 공간에서 시민들은 그간의 억눌린 삶에서 해방된다.

모스크는 특히 여성들에게 인기가 있다. 남녀가 만나고 접촉하는 것을 엄격히 규제하는 이슬람 사회에서 여성들을 위한 가장 안전하고 허가받은 외출 장소이기 때문이다. 보수적인 아랍 국가에서는 여성들의 모스크 출입을 장려하지 않지만, 이스탄불의 모스크에는 일반적으로 여성을 위한 예배 공간이 따로 마련되어 있다. 블루 모스크에도 뒤쪽에 칸막이를 친 별도의 공간이 있어 남녀가 함께 예배를 볼 수 있다. 공간이 좁은 경우에는 보이지 않게 한쪽 옆에 커튼을 치거나 남성들의 뒷줄에서 여성들이 예배를 보도록 허용한다.

고개를 들면, 햇빛에 반사된 스테인드글라스의 눈부신 색채가 눈길을 사로잡고, 돔 천장과 벽면을 장식한 푸른 타일이 또 한 번 시선을 붙잡는다. 푸른 타일마다 코란 구절이 담긴 아라베스크 문양이 빼곡하다. 그런데 천사나 예언자, 성자를 묘사한 그림은 한 점도 찾아볼 수 없다. 그 흔한 대리석 조각 하나에도 그려져 있지 않다. 살아 있는 피조물을 숭배하는 것을 엄격히 금하는 이슬람교의 기본적인 가르침이 모스크 장식에도 반영된 것이다. 그 대신 하느님을 상징하는, 끝도 시작도 없이 반복되

블루 모스크 실내 중앙 돔 꼭대기 │ 둥그렇게 뻥 뚫려 있어 모든 먼지가 위로 올라가 이곳에 쌓인다. 돔 구멍을 막고 있는 새까만 먼지는 1년에 한두 번씩 털어내어 잉크나 먹의 재료로 쓴다고 한다. 쓰이는 곳이 있는 먼지라니, 신기하고 새롭다.

는 기하학적인 대칭 문양만이 모스크 전체를 꾸미고 있다.

모스크 내부에서 단연 눈에 띄는 것은 미흐랍과 민바르다. 미흐랍은 예배 공간의 맨 안쪽 벽면을 깎아낸 벽감으로, 메카의 방향을 표시한다. 미흐랍의 아치에는 '신성한 신의 집'이라는 의미의 아랍어가 새겨져 있다. 벽감은 푸른색 타일로 정교하게 꾸며놓아 화려함이 넘쳐흐른다. 예배의 중심 공간이자 하느님의 집을 표상하므로 블루 모스크 내에서도 가장 아름답게 장식되어 있다. 민바르는 단단한 나무 계단으로 이뤄진 설교대를 뜻한다. 계단 맨 위칸은 신의 자리, 그다음 칸은 예언자 무함마드의 자리라 믿기에, 종교 지도자 이맘은 신과 예언자에 대한 겸손의 표시로 그보다 더 낮은 칸에서 설교를 한다. 새벽, 낮, 오후, 일몰, 취침 전, 이렇게 하루에 다섯 번, 모스크나 가정에서 자유롭게 예배를 보는데 금요일 낮에는 모스크에 많은 이들이 함께 모여 예배를 드린다. 이를 '주마Djumah 예배'라고 한다. 모스크 실내 중앙 돔 꼭대기는 뻥 뚫려 있어 모든 먼지가 위로 올라가 그곳에 쌓인다. 돔 구멍을 막고 있는 새까만 먼지는 1년에 한두 번씩 털어내어 잉크나 먹의 재료로 쓴다고 한다. 쓰이는 곳이 있는 먼지라니, 신기하고 새롭다.

모스크 바깥에는 분수가 있다. 예배 전에 손발을 씻는 세정 의식인 우두Wudu를 하던 곳인데, 지금은 사용하지 않고 블루 모스크 바깥의 성소피아 성당과 마주하는 곳에 따로 기다란 세정대를 마련해놓았다. 모스크에 따라 분수 대신 흐르는 물을 마련해두기도 한다. 모스크에 딸린 정원은 실용적인 목적과 심미적인 기능을 동시에 가지고 있다.

분수와 더불어 널찍한 회랑 그늘은 휴식과 대화의 공간으로 기능한다. 지금도 이슬람 세계에서 모스크는 정치 담론의 중심지이자 비즈니

블루 모스크 내부 | 카펫이 횡렬로 나란히 줄 맞춰 깔려 있다. 이는 일렬로 서서 평등한 예배를 드리자는 뜻이 담겨 있다. 성직자도 계급도 없는 자유 공간에서 시민들은 그간의 억눌린 삶에서 벗어난다.

스의 거점이며, 시민들이 모여 한가로이 담소를 나누는 최고의 휴식 공간이다. 신과 대면하고자 하는 신도뿐 아니라 복잡한 도시 생활의 시름을 덜고자 하는 시민 모두에게 사랑받는 장소다.

땅에 가라앉은 궁전, 예레바탄 사라이

블루 모스크 서쪽의 작은 문을 나서면 커다란 광장이 나타난다. 동로마 시대의 마차 경기장이었던 히포드롬Hippodrome이다. 이제는 그 시대의 열기 가득한 응원의 분위기도, 손에 땀을 쥐게 하던 마차 경기의 흔적도 찾을 길이 없다. 다만 오벨리스크의 주춧돌에 새겨진 조각만으로 그 시대 마차 경기의 긴박감과 흥겨움을 짐작해볼 따름이다. 화강암으로 된 오벨리스크는 4세기 말 테오도시우스 황제 때 이집트 카르나크 신전에서 잘라 실어 온 것으로, 테오도시우스 황제가 두 왕자를 대동하고 히포드롬에서 마차 경기를 관람하는 장면이 조각으로 새겨져 있다. 이외에도 오벨리스크 주변에는 뱀 형상의 청동 기둥과 유스티니아누스 황제 기념탑이 열 지어 있어 고대 비잔티움의 분위기를 자아낸다.

트람바이가 달리는 전찻길을 따라 성 소피아 성당을 건너가면, 좁은 입구에 '예레바탄 사라이'라고 적힌 팻말이 보인다. 예레바탄 사라이는 동로마제국 시대인 6세기에 완공된 지하 저수지로, '땅에 가라앉은 궁전'이란 뜻이다. 계단을 따라 지하로 들어서면 컴컴한 공간 한쪽에서 서늘한 바람이 불어오고 흐린 불빛에 비친 물결이 음산하다. 발렌스 수도교를 통해 끌어온 물을 여기에 가두었다가 궁전의 식수로 사용했다고

예레바탄 사라이 | 363개의 기둥이 떠받치고 있는 지하 저수 궁전으로 자세히 보면 똑같은 모양의 기둥은 거의 없다. 예레바탄 사라이의 안쪽에는 메두사의 머리가 기둥을 받치고 있다.

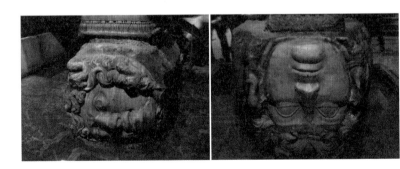

한다. 336개의 기둥이 떠받치고 있는 지하 저수지는 다른 곳에서는 좀처럼 보기 힘든 귀한 문화유산이다. 그런데 자세히 보면 똑같이 생긴 기둥이 거의 없다. 각양각색의 기둥들을 그리스를 비롯해 제국 각지를 뒤져수집하듯 모아 지었기 때문이다. 그중에는 얼굴을 옆으로 누인 메두사의 두상이 얹힌 기둥도 있다. 고대의 신화와 역사가 서린 기둥들을 받치고 있는 지하 궁전 바닥에는 지금도 물이 고여 있다. 그 기둥들과 물 사이에서 무언가 숨은 이야기가 튀어나올 것만 같다.

벗은 몸으로 혼담을 나누는 곳, 하맘

이스탄불 시청사 맞은편에는 로마 시대의 수도교가 지나간다. 이스탄불의 신시가와 구시가를 연결하는 주요 통로인 아타튀르크 다리에서도 보인다. 예레바탄 사라이로 물을 나르던 물길이기도 하다. 초기 비잔틴제국 시대의 발렌스 황제 치세기인 378년에 완공했으며, 멀리 외곽에서 물을 퍼 올려 이 수로를 통해 지하저수 궁전에 물을 모았다가 콘스탄티노플 시민들의 식수로 사용했다고한다. 2층으로 된 수로의 좁은 아치 아래로는 자동차가 물밀듯이 지나다닌다.

언덕을 따라 쉴레이마니예 모스크로 향하면 도서관과 병원이 보이고, 주변에 공중목욕탕 하맘Hamam도 눈에 띈다. 우리가 흔히 말하는 터키탕이다. 특히 베야지트 광장에 비잔틴제국 시대 소방 탑 가까이 하맘이 한 곳 있다. 1456년에 건립된, 오스만제국 역사상 최초의 하맘으로알려진 '마흐무드파샤 하맘'이다. 지금도 우리 돈 5,000원만 내면 들어

마흐무드파샤 하맘 │ 1456년에 건립된 오스만제국 최초의 하맘이다.

갈 수 있는 원조 터키탕인 셈이다.

　이스탄불에 정착한 이후에도 처음 몇 달간은 하맘에 갈 용기가 나지 않았다. 이곳의 목욕 풍속을 몰랐기 때문이다. 더욱이 한국에서 전해 들은 낯 뜨거운 터키탕에 대한 편견 탓도 컸을 것이다. 그런데 막상 가본 하맘은 내 편견을 보란듯이 깨뜨렸다. 모두가 타월과 옷을 걸친 채 홀 가운데 대리석 바닥에 앉거나 누워 담소를 나누고 있었다. 이곳에서는 각자가 뜨겁게 달궈진 대리석 바닥과 벽면의 열기로 땀을 천천히 낸 후 칸막이가 있는 샤워실에서 몸을 씻고 나온다. 우리나라 공중목욕탕처럼 뜨거운 물이 가득 담긴 커다란 욕탕이 없는 것이 이색적이었다. 친한 친구나 부자 사이에도 치부를 가리는 목욕 예절, 한 욕탕에 여럿이서 몸을 담그지 않는 것도 우리 목욕 문화와 달랐다. 그런데 한 가지는 같았다. 우리나라에서처럼 100킬로그램은 됨직한 건장한 사내의 때밀이 서비스를 받을 수 있다는 것이다. 때를 미는 문화는 세계적으로 흔치 않은데 우리나라와 터키는 같은 알타이족으로 언어와 문화, 풍습 등이 지구촌에서 가장 닮았다. 예로부터 하맘의 뜨거운 물은 그냥 흘려버리지 않았다. 겨울에는 파이프라인을 연결해 모스크 바닥을 지나가게 하고, 모스크 부속학교와 숙소의 실내까지 따뜻하게 해준다.

하맘은 몸을 씻는 공간만이 아니다. 여유 있게 담소와 정보를 나누는 친교의 장소이기도 하다. 터키에는 혼담이 오간 뒤 결혼할 신부와 예비 시어머니가 하맘에서 만나 함께 목욕하는 풍습이 있다. 완전히 발가벗지는 않으며, 예비 시어머니는 신부의 벗은 몸을 보고 건강 상태와 걸음걸이, 몸가짐, 예절 등을 세심히 살핀다. 함께 목욕한 뒤 차를 마시다 보면 친근한 분위기에서 스스럼없는 대화를 나눌 수 있다. 엄마와 함께 목욕하러 온 이웃 처녀를 우연히 보고 마음에 들어 혼담을 주고받는 장소이기도 하다.

터키의 국민 빵, 에크멕

각양각색의 사람들이 입을 모아 합격점을 준 터키 음식이 있다. 이스탄불을 다녀온 사람들이 너도나도 칭찬하는 음식, 바로 빵이다. 그것도 유명한 빵집이나 격식 있는 레스토랑이 아니라 거리 어디서나 구할 수 있는 빵, 1,500만 명의 이스탄불 시민들은 물론

158

터키 전역의 사람들이 매일같이 먹는 국민 빵, 바게트처럼 생긴 이 빵을 터키 사람들은 '에크멕Ekmek'이라고 부른다.

터키를 어지간히 돌아보았는데도 역시 에크멕만 한 것이 없다. 레시피는 있겠지만 자연과 땅과 밀이 빵 굽는 장인의 손길을 만날 때 비로소 얻을 수 있는 맛이다. 그것은 오랜 역사를 두고 축적된 문화의 힘이자 진한 삶의 경험이 빚어낸 결실이라 할 수 있다. 에크멕은 우리 돈 500원이라는 아주 싼 값에 푸짐하게 먹을 수 있다. 어느 식당에나 에크멕이 수북이 쌓여 있고, 어딜 가나 동일한 맛이며, 손님이 몇 개를 먹었는지 일일이 셈하는 법이 없다.

터키 국민들이 매일같이 먹는 에크멕 | 터키를 다녀온 사람들이 너도나도 칭찬하는 빵. 어느 식당에나 에크멕이 수북이 쌓여 있고, 어딜 가나 동일한 맛이며, 손님이 몇 개를 먹었는지 일일이 셈하는 법이 없다.

뭐니 뭐니 해도 에크멕은 아침식사의 꽃이다. 치즈와 꿀을 살짝 바른 빵에 까만 올리브와 터키 전통 차 차이$_{çay}$ 한 잔을 곁들이는 이스탄불의 아침식사는 그것 자체로 예술이다. 해변의 빌라 촌이나 남루한 달동네에서도, 최고급 호텔에서도 아침식사는 똑같은 빵으로 차려진다. 가난한 자와 부자의 입맛이 서로 통하게 하는 힘을 가졌기에 에크멕은 이스탄불 음식 문화에서 더없이 중요한 의미를 가진다.

빵에는 수프 초르바$_{Çorba}$와 양고기를 곁들여야 정찬이 된다. 초르바도 지역별로 천차만별인데 온갖 부류의 사람들이 모여 사는 이스탄불은 초르바 전시장이라 해도 좋을 듯싶다. 가장 대표적인 초르바가 메르지멕$_{Mercimek}$이다. 녹두의 한 종류인 렌틸로 만든 구수한 맛의 노란색 수프인데 상큼한 레몬즙을 살짝 뿌려 먹는다. 메르지멕은 가난한 서민들의 든든한 영양 보급원이기도 하다. 힘든 유학 시절에 메르지멕 한 그릇을 시켜놓고 탁자에 수북이 쌓인 빵만 찍어 먹어도 거뜬히 한 끼가 되던 때의 고마움을 잊을 수 없다.

터키 음식의 기본, 양고기

빵과 초르바를 먹고 나면 주식인 양고기 요리를 먹을 차례다. 터키 음식의 기본은 양젖과 양고기다. 양젖은 그대로 마시기도 하고, 발효시켜 요구르트를 만들어 먹기도 한다. 요구르트$_{yogurt}$의 어원이 터키어라는 사실은 터키 사회에서 요구르트가 얼마나 오래전부터 뿌리내렸는지를 잘 설명해준다. 요구르트에 물과 소금을 섞으면 마시는 요구르트인 아이란$_{Ayran}$이 되고, 남는 양젖으로는 치즈, 버터를 만들고 유당을 추출한다. 또 양젖 발효주인 수툴루이츠키를 빚기도 한다.

양고기는 처음에는 특유의 노릿한 냄새가 거슬리기도 하지만 서너 번 먹어보면 누구라도 쉽게 그 맛에 익숙해진다. 터키를 다녀온 뒤 부드럽고 고소한 그 맛을 잊지 못해 한동안 소문난 양고기 요리 전문점을 찾아 서울 시내를 뒤지기도 했다. 그러나 도무지 제맛을 내는 데가 없었다. 요즘은 한국에도 양고기 식당이 많이 생겼지만 먹으면 먹을수록 이스탄불의 맛이 그리워진다.

이스탄불 정통 양고기를 제대로 맛보고 싶다면 120년이 넘는 역사를 간직한 전통 터키 식당 '콘얄르Konyali'를 찾아가면 된다. 이스탄불에 두 곳이 있는데 시르케지 역 맞은편에 있는 콘얄르는 패스트푸드 식당처럼 간단하게 요기할 수 있는 분위기로, 가스불이 아닌 숯불로 구운 양고기 케밥을 비롯해 정통 터키 요리를 맛볼 수 있다. 보다 갖춰진 정찬을 원한다면 톱카프 궁전 안에 있는 콘얄르를 찾아가면 된다. 유럽 대륙에 앉아 눈으로는 푸른 바다 너머의 아시아 해변을 바라보며, 또 귀로는 언덕 아래로 지나가는 오리엔트 특급열차의 기적 소리를 들으며 음미하는 식사에는 운치와 낭만이 그득하다. 제대로 된 양고기 요리를 즐길 수 있는 또 한 곳으로, 공항 가는 길에 있는 '베이티Beyti'도 유명하다. 처음 맛보는 누구라도 거부감 없이 양고기의 진미를 느낄 수 있을 것이다.

나의 단골 식당은 바크르쾨이에 있는 '겔릭Gelik' 레스토랑이다. 이곳은 관광객의 입맛이 아닌 전통 조리 방식대로 양고기 고유의 맛을 지키는 한편, 지금도 다양한 맛을 개발한다. 겔릭에서 내가 즐겨 찾는 메뉴를 소개하자면, 먼저 일종의 버섯 돌솥밥인 만탈필라브와 양갈비 숯불구이 피르졸라, 양고기 진흙 통구이 쿠유케밥을 조금씩 주문한다. 샐러드로는 여러 가지 신선한 야채를 썰어 레몬과 매운 고추로 버무린 유목민들의 음식인 초반살라타, 그리고 음료로는 아무것도 섞지 않는 자연 요구르트 희석 음료인 사데아이란, 후식으로는 실처럼 가늘게 꼬아 꿀에 절여 구운 달콤한 퀴네페를 시킨다. 마지막으로 터키식 에스프레소인 튀르크카웨 한 잔이면 만족스러운 식사가 끝이 난다. 우리 돈 6만 원 정도로 두 사람이 나눠 먹을 수 있다. 머리 희끗한 지배인에게 5,000원 정도의 팁을 주는 것은 기억해둬야 할 예의다.

구시가에서는 아크 사라이에 있는 '하타이 소프라스Hatay Sofrasi' 식당을 즐겨 찾는다. 잣을 넣어 길쭉하게 구워내는 메테르파샤케밥, 항아리를 봉하고 불을 지펴 구워내는 데베지제라케밥, 소금을 뿌린 닭고기를 불에 구워내는 데베지투즈다타욱 등은 다른 어떤 곳에서도 맛볼 수 없는 이 식당만의 전통 방식 요리다.

터키 대표 음식, 케밥

이스탄불 양고기는 가히 세계 최고라고 말할 수 있다. 북아프리카나 아랍, 이란, 중앙아시아 등 여러 곳에서 양고기를 맛보았지만 아직은 이스탄불 양고기 요리를 따라갈 만한 곳이 없는 듯하다. 육질, 고기 저미는 방법, 향료와 양념 종류, 불의 성질 등에 따라 맛이 달라지는데, 이스탄불의 유명 주방장들의 말을 종합해보면 양고기 요리는 족히 120여 가지쯤 된다. 양고기 중심의 육류 요리를 일반적으로 케밥Kebab이라고 한다. 케밥은 페르시아에서 왔지만, 오스만 시대를 거치면서 아랍 전역은 물론 터키의 대표적인 음식으로 자리 잡았다.

162

되네르케밥 | 육류 요리를 이르는 케밥 중 빙글빙글 돌리며 굽는 되네르 케밥이 터키에서는 가장 보편적이다.

　　그중 가장 대중적이고 보편적인 것이 빙글빙글 돌리며 굽는 되네르 케밥이다. 양 한 마리를 잡아서 우선 껍질과 내장을 손질하고 뼈를 발라낸다. 그런 다음 모든 부위를 얇고 널따랗게 저며 썰어 마늘, 양파즙, 박하, 각종 향료를 넣은 양념에 하루 저녁 재운 다음 쇠꼬챙이에 차곡차곡 끼워 둥글게 원통형으로 쌓아 올린다. 사이사이 기름덩어리와 야채를 끼우고 소금과 후추를 적당히 뿌린다. 이제 세로로 세운 숯불 화덕 앞에서 서서히 돌리면서 구우면 된다. 고기 표면이 익을 때마다 가늘고 긴 칼로 위에서 아래로 베어 빵에 싸서 먹는데, 양 한 마리의 모든 부위를 즐기는 셈이다.

점심시간이면 이스탄불 시내 도로변은 수백 군데의 되네르케밥 집을 중심으로 사람들이 모여든다. 인근 사무실이나 학교에서 빠져나온 이들이 한 손에는 되네르케밥 샌드위치, 다른 한 손에는 마시는 요구르트를 들고서 5분짜리 식사를 해결하는 모습으로 진풍경을 펼치는 것이다. 양고기 음식으로는 되네르케밥 이외에도 양 한 마리를 진흙 구덩이에서 몇 시간씩 통째로 구워내는 쿠유케밥, 꼬치구이인 시시케밥, 양갈비구이 피르졸라 등이 있다.

이스탄불에서 맛보는 음식이 더 특별하게 여겨지는 것은 이 풍성한 먹을거리를 한 달간 자제하는 금식 관습인 라마단 때문일 것이다. 새벽 4시쯤 되었을까, 이스탄불 시내 골목마다 우레 같은 북소리가 들리기 시작한다. 근처의 모스크에서 나온 북치기 소년이 온 동네 사람들을 깨우려고 작정한 듯 북을 두드려댄다. 그러면 집집마다 불을 환하게 켜고 음식을 준비한다. 라마단이 시작되면 아침 해가 떠서 질 때까지 아무것도 먹지 못하기 때문에 이른 아침을 먹어야 하는 것이다. 그것도 한 달씩이나.

라마단은 모든 무슬림들이 지켜야 할 이슬람의 다섯 가지 계율 가운데 하나로 기본적인 종교적 의무다. 부자든 가난한 자든 모두가 갈증, 배고픔이라는 고통을 함께 겪고 같은 경험을 공유하며 공동체 의식을 다지는 신성한 의례다. 말과 형식이 아니라 구체적인 삶을 통해 공동체가 고통을 공유하는 이슬람 정신을 21세기가 된 지금까지도 이스탄불 골목에서 지켜가고 있다.

세계 최초의 카페, 차이하네

터키에서 모든 식사를 마무리 짓는 것은 차와 커피다. 에윱Eyyub 언덕에는 '피에르 로티Pierre Loti'라는 찻집이 있다. 지금은 케이블카로 언덕 꼭대기까지 연결되어 쉽게 오를 수 있지만, 이스탄불의 내항 골든혼의 석양을 바라보며 찻집으로 향하는 언덕길은 지금도 이스탄불의 젊은이들이 으뜸으로 꼽는 데이트 코스다. 많은 사람들이 이 찻집에서 갓 볶은 커피나 붉은 차이 한 잔을 마시면서 낭만을 이야기하고 새로운 문학 세계를 꿈꾸고 사랑을 나누었다. 프랑스 작가 피에르 로티가 12권의 소설을 집필했다는 이곳은 이제 세계적인 명소가 되어 관광객들로 넘쳐난다.

이스탄불은 카페의 기원이 되는 도시다. 인류가 처음으로 기호식품으로 커피를 즐기고 이를 유럽에 퍼뜨린 산실이 바로 이스탄불이다. 16세기 초에 이슬람을 받아들인 예멘 지방의 수도사들이 밤새 기도하고 명상하면서 마시던 음료가 커피였고, 이것이 이스탄불 궁정으로 전해졌다. 각성 효능이 알려지면서 커피는 이슬람 세계로 빠르게 확산되었다. 이슬람의 성지 메카에서도 커피를 마셨다는 기록이 남아 있다.

역사상 최초의 카페는 이스탄불의 '차이하네Cayhane'다. '찻집'이란 뜻만으로 지은 상호로, 아직 커피란 단어가 정착하기도 전에 문을 열었다. 모카 원두를 끓여 귀족과 지식인에게 파는 일반 카페가 문을 연 것은 1534년쯤이다. 16세기는 오스만제국의 권세가 절정에 이른 시대였으며, 이를 반영하듯 수도 이스탄불에만 600곳이 넘는 카페가 생겨나 화려한 카페 문화를 꽃피웠다.

그 후 커피는 유럽 외교관과 상인 들을 통해 유럽에 소개되었다. 아

르메니아 상인이 유럽 최초의 카페를 오스트리아 빈에 열었다. 1652년
에는 영국 런던에 '파스카 로제Pasqua Rosée'라는 카페가, 1683년에는 이탈
리아 최초의 카페 '플로리안Florian'이 산마르코 광장에 문을 열었다. 플로
리안은 프랑스 작가 스탕달과 영국 시인 바이런, 릴케와 찰스 디킨스, 화
가인 모네와 마네 등 많은 명사들을 단골로 두며 유럽 카페 문화의 명소
가 되었다.

오늘날 서구 커피의 위력으로 커피 문화가 힘을 잃긴 했지만 터키
내에서는 여전히 건재하고 있다. 커피포트에 커피 가루를 넣고 은근한
불로 끓여내어 작은 커피잔에 부어 가라앉힌 뒤 맑은 액체만 마시는 터

이스탄불의 카페, 피에르 로티 ㅣ 카페의 기원이 되는 도시 이스탄불에서 즐기는 커피와 차이는 더욱 그윽한 맛
과 향을 풍긴다.

키 커피는 이스탄불 사람들에겐 향수의 상징이다. 또한 다 마신 잔을 뒤집어 원두 가루가 흘러내린 모양을 보고 연애운, 재운, 건강운을 점치는 '커피점'을 재미로 보기도 한다. 어떤 경우에는 커피로 자신의 완곡한 의사를 표현하기도 하는데, 특히 맞선 자리에서 만난 남자가 마음에 차지 않을 때, 끓는 커피에 설탕 대신 소금을 넣어버리는 방법이 대표적이다. 여자가 손수 끓여준 커피를 마신 남자는 아무 불평 없이 조용히 자리를 뜬다. 자신이 상대방의 마음에 들지 않는다는 것을 눈치 챘기 때문이다.

보통 이스탄불 사람들은 아침 느지감치 은은한 커피 한 잔에 물 한 컵을 두고 지인들과 서너 시간 대화를 나눈다. 강렬한 쓴맛과 향 때문에 마실 때마다 모든 감각이 열리는 듯한 기분을 느낄 수 있기에 나 또한 지금도 나른한 오후면 생각이 난다. 일반적으로 터키에서 카페는 대화의 공간이자 세상을 논하는 담론의 장소로, 남자들의 공간으로 여겨진다. 신문을 뒤적이거나 주사위 놀이를 하는가 하면, 프로축구 경기가 있는 날이면 카페 전체가 작은 스타디움으로 변하기도 한다. 이스탄불 시내 어느 골목에서나 만날 수 있는 카페 덕분에 거리에는 늘 커피향이 감돈다.

08

SAFRA

앞집, 뒷집, 옆집이 모두
세계문화유산인 마을

사프란볼루
옥외 건축 박물관

해발 475미터, 맑은 하늘 아래 적갈색 지붕을 인 중세 목조 건물들이 다정하게 어울려 있는 곳. 400년의 삶과 예술의 흔적을 고스란히 보듬은 사프란볼루다. 가을에 터키를 여행한다면 꼭 찾아야 할 이곳은 한 가족처럼 수백 년을 함께 살아왔기 때문인지 사는 사람들의 표정이 서로 닮아 있다. 그 선한 모습에 여행자의 마음도 덩달아 훈훈해진다. 터키에 올 때마다 발길이 어김없이 사프란볼루로 향했던 것도 아마 그 때문일 것이다.

이곳은 온화한 기후와 비옥한 토질 덕분에 세계에서 가장 좋은 품종의 사프란이 재배되고 있는 군락지다. 식재료나 약재로 쓰이는 사프란은 한때 금값과 맞먹을 정도로 귀한 꽃이었기에 큰 자본이 오갔고, 사프란볼루 사람들은 풍요와 여유를 누렸다. 지금도 도심에서 20킬로미터 떨어진 다부토바스 사람들은 사프란을 재배하고 있다.

이 작은 도시는 중세 동서양의 실크로드가 지나가는 주요한 길목이기도 했다. 우리나라 경주에서 출발해 지금의 중국 시안과 중앙아시아를 거치는 실크로드 1번 고속도로는 이란의 카스피 해 남부를 지나 흑해로 접어든다. 흑해에서 다시 내륙 이스탄불로 향하던 대상들을 맞아주던 곳이 사프란볼루다.

인류의 유산이자 소중한 역사, 사프란볼루 전통 가옥

사프란볼루의 집들을 보고 있으면 오스만튀르크 시대를 보여주는 박물관 전시품 같다. 벽면에 칠해진 하얀색과 커피색은 푸른 하늘과 잿빛 도로 사이에서 절묘한 색감을 빚어낸다. 지하 1층과 지상 1, 2층으로 이루어진 터키의 전통 가옥은 층별로 용도가 다르다. 돌로 지은 1층은 곡식 창고와 축사로 사용했고, 나무로 지은 2층이 주거 공간이었다. 각 방은 침실과 거실, 응접실 등으로 나뉘고 주방은 물론 화장실까지 집 내부에 있는 것이 특징이다.

사프란볼루의 전통 가옥들 | 2,000여 채의 전통 가옥 중 1,008채가 문화재 보존 가옥이며, 1994년에는 사프란볼루 시 전체가 유네스코 세계문화유산 옥외 건축 박물관으로 지정되었다.

사프란볼루 거리 │ 이슬람 건축의 특징인 2층 돌출 발코니는 집과 집 사이의 거리를 좁혀, 외출을 꺼렸던 이슬람 여인들의 사교 활동을 가능하게 했다. 골목길에서는 미소를 띤 선한 사람들을 쉽게 만난다.

주로 대가족을 이루고 살았기에 남자들의 공간 '셀람륵Selamlik'과 여자들
의 공간 '하렘'이 엄격히 분리되어 있었는데 하렘은 가장 안쪽에 위치한
다. 실내에서는 신을 벗고 생활했으며 방에는 벽장 같은 작은 샤워실을
따로 두기도 했다. 창문은 상하로 길고 좁게 나 있으며 2층이 발코니처
럼 앞으로 나와 있는 구조가 특징이다. 이슬람 건축의 특징인 2층 돌출
발코니는 집과 집 사이의 거리를 좁혀, 외출을 꺼렸던 이슬람 여인들의
사교 활동을 가능하게 했다. 이는 여성들을 위한 일종의 해방 공간이었
다. 집은 짚을 섞은 진흙과 나무로 지어 뛰어난 보온과 냉방 효과를 거두
었는데 여러 가지 면에서 한국의 전통 가옥과 비슷하다.

　　사프란볼루의 골목길을 걷다 보면 집 안을 구경하고 싶은 충동이
인다. 먼저 밝은 미소로 다가가 그들과 대화를 나누려 한다면, 인심 좋기

로 소문난 그곳 사람들은 기꺼이 문을 열어주고 따뜻한 차 한 잔을 대접해줄 것이다. 작심하고서 작은 선물을 하나 내민다면 갓 끓인 붉은빛 도는 터키 차이 한 잔을 얻어 마실 수도 있다. 잠시나마 이국적인 경험, 수백 년 전 오스만제국 시대로 돌아간 기분을 만끽하는 행운을 누릴 수 있는 것이다.

사프란볼루에는 2,000여 채의 전통 가옥이 있는데 그중 1,008채가 문화재 보존 가옥으로 지정되어 있다. 과거에 지방 청사나 공공건물로 쓰였던 곳들도 그대로 보존해 터키 관광재단에서 운영하는 호텔로 사용하고 있다. 동서양 할 것 없이 서양식 건축 일색인 요즘 같은 시대에 어떻게 전통 가옥들을 지킬 수 있었을까. 이는 모스크 이맘의 설명을 듣고서야 이해되었다. 19세기 동서 실크로드 무역이 쇠퇴하자 사프란볼루 또한 경제적으로 몰락했다고 한다. 더 이상 상인들이 찾지 않는 도시는 외부인들에게 잊혀버렸다. 하지만 역설적으로 이런 상황이 이 도시를 굳이 개발하지 않아도 되는 이유를 만들어주었다. 또한 새로운 것을 무조건 받아들이기보다 전통 가옥을 덧대며 고쳤던 사람들의 당당함과 소박함이 사프란볼루의 오늘을 가능케 했던 것이다. 1994년에는 사프란볼루 시 전체가 유네스코 세계문화유산 옥외 건축 박물관으로 지정되었다. 도시 전체가 인류의 공통 유산이자 소중한 역사가 되었다.

17세기 대상들의 쉼터, 케르반사라이

사프란볼루의 1호 건축물을 꼽자면 단연 도시 중심에 있는 17세기 대상들의 숙소였던 케르반사라이, 진지 한Cinci Han이다. 대상 숙소의 전통적인 구조에 따라 1층에는 목욕탕, 연회실, 식당과 이동 수단인 동물이 머무는 마구간을 갖췄다. 2층은 상인들이 머무는 숙소였다. 현재는 1층까지 객실로 개조해 호텔로 쓰인다. 건물의 가운데 공간은 작은 분수와 화단이 있는 중정으로, 투숙객이 모여 차를 마시며 사업 이야기나 모험담, 정보를 나누며 여독을 풀었을 것이다. 오랜 여정에 지친 상인들에게 맛있는 음식은 물론 연회도 베풀었다고 한다. 사람도 동물도 쉬어 갈 수 있는 이곳 덕분에 사프란볼루 시민들의 삶도 넉넉해졌을 것이다.

케르반사라이, 진지 한의 중정 | 사프란볼루의 1호 건축물로 17세기 대상들의 숙소였다. 1층에는 목욕탕, 연회실, 식당과 마굿간이 2층에는 객실이 있었다.

진지 한 호텔 언덕에서 아래로 5분만 내려가면 광장에서 토요일마다 장이 열린다. 신선한 채소와 과일, 갓 도축한 신선한 닭고기와 양고기를 사기 위해 마을 사람들은 토요일 아침이면 이곳으로 몰려든다. 야산에서 채취한 약초와 채소도 보이고 양은 주전자와 놋쇠 그릇도 길바닥에 널린다. 흥정하고 인사하고 소식을 전하는 모습이 어릴 때 경험했던 우리네 시골 장터 풍경 그대로다.

소도시의 낭만이 가득한 아라스타 바자르

본격적으로 도시를 거닐려면 마을버스 종점인 구시가 광장에서 출발하는 것이 좋다. 구시가 광장에는 모스크가 있고 바로 옆에는 오래된 하맘이 있다. 하맘 앞으로는 토산품 가게와 카페 골목이 펼쳐진다. 원래 예멘의 모카 지방에서 실려 온 아라비카 원두는 오스만 시대에 이스탄불에서 카페 문화로 화려한 꽃을 피웠다. 당시 금값에 버금가는 원두는 중요한 교역 품목이었고, 교역의 중심지인 사프란볼루에도 커피가 유입되면서 터키 초기의 카페 문화가 이 거리에서 형성되었다. 앙증맞은 커피 잔에 담긴 진하디진한 커피의 맛과 향은 바로 사프란볼루의 깊은 역사다.

카페 골목 옆으로는 공예품 시장이 펼쳐진다. 여기가 사프란볼루의 옛 교역 흔적을 엿볼 수 있는 유서 깊은 전통 시장, 아라스타 바자르다. 1661년에 문을 연 뒤로 350여 년이 지난 지금까지 사프란볼루를 대표하는 교역의 현장이다. 원래는 구두와 피혁을 다루는 작업장이 줄지어 있었다고 하는데 현재는 그보다는 수공예품, 식탁보, 종교 용품, 보

176

마을버스 종점이 있는 구시가 광장의 하맘 | 건너편에는 토산품 가게와 카페 골목이 펼쳐지고 골목 옆에는 유서 깊은 전통 시장 아라스타 바자르가 350년 동안 자리를 지키고 있다. 이곳 로쿰은 특별히 맛있다.

석 세공품, 약재 등이 하늘이 열린 좁은 골목길을 가득 채우고 있다. 포도 덩굴 아래 목조 상점들이 낮은 처마를 맞대고 있는 돌길을 걷다 보면 작은 도시의 낭만을 한껏 느낄 수 있다. 수많은 관광객이 찾지만 그 흔한 호객 행위나 불편한 구매 압박이 없다. 어느 상점이든 느긋한 마음으로 돌아보며 이곳 사람들의 넉넉한 인심까지 쇼핑할 수 있다.

특히 아라스타 바자르에는 로쿰Lokum 상점 수십 곳이 골목 전체를 메우다시피 한다. 터키의 전통 디저트인 로쿰은 옥수수 전분에 피스타치오나 견과류를 넣어 달게 만든 일종의 젤리다. 사프란볼루에서는 장

아라스타 바자르 │ 1661년 문을 연 이후부터 지금까지 사프란볼루를 대표하는 교역의 현장. 수공예품, 식탁보, 약재 등이 좁은 골목길을 가득 채우고 있다.

미수나 벌꿀, 사프란 향을 가미해 다른 곳에서는 구하기 힘든 독특한 수제 로쿰을 생산한다. 관광객뿐 아니라 모든 터키인들에게 사랑받는 디저트로, 사프란볼루에서 꼭 맛봐야 할 주전부리다. 이 가게 저 가게를 기웃거리다 보면 공짜 로쿰의 다양한 맛을 즐길 수 있다.

저녁 무렵에는 사프란볼루를 감싼 흐들륵 언덕에 올라 멋진 야경을 감상해야 한다. 언덕 정상을 향한다고 생각하면 길 찾기는 어렵지 않다. 언덕 입구에 도착하면 1리라를 내고 입장권과 차 한 잔을 받는다. 언덕 위에는 숙소와 하맘, 여러 모스크와 도서관 등이 줄지어 있다. 카페 한 곳에 자리를 잡고 아래를 내려다보면 동화 속에서나 나올 법한 아름다운 도시 풍경이 한눈에 들어온다. 은은한 붉은 햇살이 내려앉은 목조 가옥 마을을 보며 마시는 차 한 잔의 쉼을 누릴 수 있다. 박제된 마을의 옛 흔적이 아니라 400년의 전통과 삶의 자취를 그대로 간직한 채 살아가는 곳. 사프란볼루 사람들의 여유 있는 표정에서 어김없이 살아갈 기운을 얻고 돌아간다.

09

세계사의 시작을 알리는
인류 문명의 보고

아나톨리아 문명 박물관

터키의 중심부 아나톨리아 반도는 인류 문명의 본향과도 같은 고장이다. 인류 최초의 계획도시 차탈휘윅, 가장 오래된 문명 발생지 수메르, 철기와 전차를 처음 사용한 히타이트, '황금 손'으로 유명한 미다스 왕의 프리기아, 노아의 방주가 걸렸던 아라라트 산, 아브라함이 활동하고 성 모마리아가 숨을 거둔 땅, 알렉산드로스의 원정로, 셀주크튀르크와 오스만제국의 산실. 유프라테스 강과 티그리스 강이 발원하면서 생겨난 고대 문명과 유적이 80만 제곱킬로미터의 반도에 빼곡히 들어차 있다.

세계사를 배웠음에도 제대로 알지 못하는 역사를 확인하려면 바로 앙카라 아나톨리아 문명 박물관을 찾아 가야 한다. 이곳은 구석기 시대부터 비잔틴 시대까지, 아나톨리아에서 출토된 유물을 시대별로 전시해 두고 있다. 특히 인류 최초로 철기를 사용한 히타이트족의 유물이 전시되어 있는 곳이다. 아나톨리아 문명 박물관은 앙카라에서도 가장 높은 앙카라 성채에 자리한 탓에 대중교통으로 찾아가기에는 불편하다. 앙카라 중앙역이나 고속버스 터미널에서 그리 멀지 않으니 그곳에서 택시를 타는 것이 좋다.

아나톨리아 문명 박물관의 외관은 커다란 두 개의 돔 지붕과 견고

1997년 유럽 최고의 박물관으로 선정된 아나톨리아 문명 박물관 전경 ｜ 인류 최초의 계획 도시 차탈휘육, 가장 오래된 문명 발생지 수메르, 노아의 방주가 걸렸던 아라라트 산, 셀주크튀르크와 오스만제국의 산실 아나톨리아 반도, 그리고 인류 최초로 철기를 사용한 히타이트의 유물이 전시되어 있는 곳. 약탈 문화재가 아닌 아나톨리아 지역의 역사와 문화를 간직한 유물이 가득하다.

한 돌벽, 그리고 아치형 문이 차례로 보이는 오스만제국 시대의 전형적인 건축 양식을 따랐다. 이는 두 개의 건물을 이어 붙인 형태로, 술탄 메흐메트 시대의 재상 마흐무드 파샤의 지시로 만들어진 바자르였다. 아래층에는 27개, 위층에는 30개의 방이 있는 2층 건물로, 당시 시장의 규모를 짐작할 수 있다. '앙고라 토끼털'이라는 말로 알 수 있듯이 털 이름에 '앙카라'라는 지명이 들어갈 정도로 각종 동물 털의 교역 시장으로 상당한 명성을 얻었다고 한다. 오랜 복원 기간을 거쳐 1943년 박물관으로 일반인에게 공개했으며, 규모는 크지 않지만 약탈 문화재가 아닌 아나톨리아 지역의 파란만장한 역사와 문화를 간직한 유물들로 가득하다. 1997년에는 유럽 최고의 박물관으로 선정되기도 했다.

고대 오리엔트 문명의 어머니, 차탈휘육

이곳에는 가장 오랜 인류 역사의 흐름이 압축되어 있다. 전시관에 들어서면 오른쪽 홀부터 시대순으로 전시물이 진열되어 있는데, 구석기 시대 유물들이 맨 먼저 눈길을 끈다. 여기서는 네안데르탈인의 두개골을 포함해 안탈리아 부근의 카라인 동굴에서 출토된 유적들을 볼 수 있다. 다음으로는 신석기 시대의 사람과 황소 머리 부조, 벽화, 그리고 인류가 만든 가장 오래된 도시 주거지에서 나온 발굴품들이 전시되어 있다. 아나톨리아 문명 박물관의 자랑, 차탈휘육 유적지 복원도와 출토품들이다.

차탈휘육은 코냐에서 동남쪽으로 52킬로미터 떨어진 곳에서 번성했던 고대 도시로, 선사 시대 인간의 역사를 이해하는 데 가장 중요한 유

테라코타로 만든 차탈휘윅의 모신상 │ 양쪽에 소와 양을 상징하는 동물을 끼고 앉아 출산하는 모습을 형상화했다. 기원전 5750년경의 유물로 비너스 여신의 할머니뻘 되는 인류 최초의 모신상이다.

적지다. 신석기 시대라고는 믿기지 않을 정도로 수준 높은 문명을 구가했던 차탈휘육는 인류 최초의 계획도시이자 도시 문명의 뿌리, 수메르로 대표되는 고대 오리엔트 문명의 어머니라고 말할 수 있다. 유적지에서는 진흙 집들이 발견되었는데, 일정한 규격으로 지은 집에는 창고와 부엌, 다양한 디자인으로 꾸민 거실이 있다. 가장 두드러진 특징은 집집마다 뿔 달린 황소 머리를 걸고 흙벽을 채색해 장식했다는 점이다. 벽화에는 별과 태양계, 사람과 여신 들, 사냥 장면 등이 묘사되어 있어 황소 머리와 함께 자연의 섭리를 숭상하는 초기 자연주의 신앙을 엿볼 수 있다. 박물관에서 가장 인상적인 차탈휘육 유물로는 테라코타로 만든 모신상을 꼽을 수 있다. 양쪽에 소와 양을 상징하는 동물을 끼고 앉아 출산하는 모습을 형상화한 것이다. 기원전 5750년경의 유물로 비너스 여신의 할머니뻘 되는 인류 최초의 모신상이라 여겨진다. 이어서 아시리아, 히타이트, 프리기아 등 연대별로 아나톨리아 반도에서 화려한 문명의 꽃을 피웠던 제국들의 유물이 차례로 전시되어 있다.

교과서에서만 보았던 히타이트제국의 유물

아나톨리아 문명 박물관이 세계적인 명성을 얻게 된 것은 이곳에 소장된 히타이트 시대의 귀한 유물들 덕분일 것이다. 히타이트의 유물들은 중앙 홀의 두 구역에 전시되어 있는데 중앙에는 대형 석조물이, 가장자리에는 연대순으로 작은 예술품들이 전시되어 있다.

가장 인상적인 유물은 히타이트제국의 수도 보아즈칼레에서 발견

아나톨리아 문명 박물관의 출토품들 | 왼쪽 위부터 시계 반대 방향으로 '우정의 편지' 점토판(기원전 13세기), 히타이트의 황소 모양 옹기(기원전 16세기), 우라르투의 상아로 된 날개 달린 신(기원전 8세기), 알라자휘육에서 발굴된 청동 사슴상(기원전 3000년), 후기 히타이트 시대 부조. 길가메쉬 서사시의 황소인간을 묘사(기원전 9세기), 길가메쉬 서사시를 묘사한 날개 달린 그리핀(후기 히타이트 기원전 9세기).

된 '우정의 편지' 점토판이다. 기원전 13세기에 람세스 2세의 왕비 네페르타리가 히타이트제국 하투실리 3세의 부인인 푸두헤파에게 보낸 편지로, 쐐기문자로 쓰였다. 오리엔트 문명을 대표하는 히타이트와 이집트 문명을 대표하는 이집트가 인류 역사상 최초의 세계대전을 치른 뒤 왕들끼리 카데시 평화조약을 맺는 데 그치지 않고 왕비들도 우정을 다짐하는 편지를 주고받았다는 사실이 인상적이다. 3,300년 전 두 강대국의 통치자가 보여주는 권력자의 품위와 적국들 사이에 지킨 격조, 그리고 여성들의 활발한 정치 참여가 놀랍다.

또 하나 눈길을 끄는 유물이 있다. 히타이트 전시관을 나가기 전에 보이는 스핑크스 부조다. 기원전 9세기경의 정교한 조각품으로, 사자의 몸통에 독수리 날개, 신히타이트 시대의 신 키멜라의 얼굴을 한 독특한 오리엔트형 스핑크스다. 고대인들은 신들도 똑같이 사고하고 희노애락의 정서를 가졌다고 생각했다. 스핑크스에는 한 몸이 된 인간과 신의 표상을 섬기고자 한 고대인들의 기본 신앙이 담겨 있다. 고대 인류 신앙은 인간과 자연의 경계를 초월했다는 것을 이곳에서 눈으로 확인할 수 있다.

신화가 된 역사, 미다스 왕의 무덤

아나톨리아 문명 박물관에는 세상을 놀라게 한 거대한 미다스 왕의 묘와 발굴품을 발굴 당시의 모습 그대로 옮겨놓은 전시관도 있다. 미다스 왕은 기원전 1180년경 히타이트제국을 누르고 오리엔트 통일 왕국을 건설한 프리기아의 전성기 시절 통치자다. 그는 손이 닿는 것마다 황금으로 변하는 탐욕스러운 황금 손 신화의

미다스 왕의 무덤 | 황금 손 신화의 주인공이자 《임금님 귀는 당나귀 귀》, 《벌거벗은 임금님》의 모티프가 된 미다스 왕의 무덤 발굴을 계기로 프리기아는 신화의 세계에서 역사의 영역으로 들어오게 되었다.

주인공이자 안데르센 동화 《임금님 귀는 당나귀 귀》,《벌거벗은 임금님》의 모티프가 된 인물이다.

1957년 앙카라 서쪽 고르디온에 있는 미다스 왕묘를 발굴한 사건을 계기로 프리기아는 신화의 세계에서 역사의 영역으로 들어오게 되었다. 그전까지만 해도 고르디온 유적지 주변의 100여 개에 이르는 크고 작은 동산들이 무덤일 거라고 생각한 사람은 없었다. 높이가 53미터, 지름이 300미터나 되는 무덤이라니. 이는 미국 펜실베이니아 대학의 고고학자 로드니 영이 발굴했다. 그는 가로 5.15미터, 세로 6.2미터의 목관 속에서 키가 159센티미터에 60세 정도 된 듯한 미다스 왕으로 추정되는 무덤 주인을 찾아냈다. 무수한 토기와 그릇, 청동제 제품들이 부장품으로 출토되었고 이 또한 아나톨리아 문명 박물관에 전시되어 있다.

무덤에 대해서는 여전히 조사와 연구가 진행 중인데, 최근에 무덤의 연대가 기원전 740년으로 밝혀져, 기원전 695에 사망했다고 알려진 미다스 왕과는 차이를 보이는 것으로 확인되었다. 무덤의 진짜 주인을 밝히는 데는 시간이 더 필요하고 학문적으로 미흡한 단계지만, 아직까진 이곳이 미다스 왕의 무덤이라고 여겨지고 있다.

문명의 탄생과 전파

프리기아 전시관을 거쳐 그리스 시대에 해당하는 전시관에 이르면 기원전 8세기경의 우라르투 왕국과 기원전 7세기경의 리디아 문명을 만날 수 있다. 처음 들어본 낯선 문명권의 유물들을 유심히 바라보고 있노라면, 전문가가 아니더라도 우리에게 익숙한 그리스 문양이나 도자기 디자인, 인체 구성의 미학적 감각들이 이러한 유물들과 맥이 닿아 있음을 깨닫게 된다. 서양 문명의 뿌리로 여겨지는 그리스 로마 문화가 실은 오리엔트 문명이라는 두터운 토양 위에서 시작되었다는 걸 알려주는 유물들도 전시되어 있다. 모두 아나톨리아 지역 일대에서 나온 것들이다. 특히 지하 전시실의 로마 시대 유리 제품들을 보면, 경주 고분에서 출토된 수입 유리병과 매우 흡사한 형태임을 알 수 있다. 이곳의 유리 제품들이 멀리 1만 킬로미터를 이동해 아시아의 동쪽 끝에 이르렀다고 생각하니 전율이 인다.

　이미 1만 년 전에 인류는 집단 신앙과 분화된 사회계층, 협동의 공동체 조직을 가진 도시 문명을 구가했다. 문명이란 어느 날 갑자기 하늘에서 뚝 떨어지는 것이 아니라 인간의 지식 체계가 차곡차곡 쌓여가다가 어떤 역사적 사건을 계기로 꽃을 피우면서 시작된다. 그렇다면 고대 문명 이전에 존재했던 문명은 어떤 형태였을까, 고대 문명을 가능하게 했던 원천은 무엇일까, 전시를 보면 볼수록 문명의 기원에 대한 질문은 쌓여만 간다.

10

인류를 철기 시대로 이끈
히타이트제국의 뿌리

히타이트 현장 박물관

ARA

아나톨리아 문명 박물관에서 히타이트제국의 경이로운 유물들을 보고 있노라면 박물관을 벗어나 현장으로 가보고 싶은 마음이 절로 든다. 기원전 1650~1200년에 번성한 히타이트제국은 최초로 철기를 썼다는 정도로만 알려져 있지만, 실은 오리엔트 고대 역사에서 아시리아와 함께 가장 중요한 문명 국가였다.

히타이트제국의 수도였던 하투사스 유적지는 앙카라에서 동쪽으로 150킬로미터 떨어져 있다. 아직 본격적인 관광지로 개발되지 않았고, 내륙 자체가 1,000미터가 넘는 고원 지대여서 높은 곳은 4~5월까지도 눈이 남아 있어 찾아가기가 쉽지 않다. 차로 세 시간 정도 달려가다 보면 험준한 계곡과 산을 등지고 펼쳐진 넓은 평원에 히타이트인들의 지혜가 어린 하투사스, 지금의 보아즈칼레가 드디어 한눈에 들어온다.

히타이트 유적의 발굴은 다른 유적지의 경우처럼 기적에 가까운 결실이었다. 1834년 유럽에 히타이트의 존재를 처음 알린 사람은 프랑스 고고학자 샤를 텍시에다. 이후 수많은 고고학자들과 문헌사가들이 이 지역을 탐사하고 발굴했다. 히타이트 유적 발굴의 최종 영광은 1905년부터 이곳에서 작업한 독일 고고학자 위고 빙클러가 차지했다. 고대 아

히타이트인들의 지혜로 이룬 제국의 수도 하투사스 │ 수준 높은 도시 설계와 건축 기술뿐 아니라 발굴된 히타이트어 점토판과 카데시 조약 점토판은 그들이 이룬 문명과 문화의 수준을 가늠하게 한다.

카드어로 기록된 히타이트 점토판 쐐기문자를 해독한 것도, 카데시 점토판 문서를 발견한 것도 그였다. 오늘날 우리가 알고 있는 거대한 히타이트의 역사는 대부분 그가 밝혀낸 것이다.

구약에도 등장하는 히타이트족은 기원전 19세기 아시리아의 힘이 약해진 틈을 타 아나톨리아 반도 중앙 대부분을 차지했다. 기원전 16세기에는 메소포타미아의 최강자 바빌로니아 왕국을 멸망시키고 미타니 왕국을 정복하면서 이전의 오리엔트 문명을 뒤엎고 새로운 아나톨리아 천하 통일 시대를 열었다.

히타이트족은 아시리아의 정비된 시스템과 축적된 하부 구조를 그대로 이어받아 청동기 문화를 바탕으로 한 철기를 발명했다. 용광로의 온도를 1,540도까지 올릴 수 있는 제철 기술의 혁신을 이뤄 인류의 새로운 문명 시대를 연 것이다. 1,000도 이하에서 청동기를 제작하는 기술에서 500도를 더 높이려면 정교한 용광로의 설계와 함께 과학적인 송풍 시스템을 갖춰야 한다고 하니, 당시로서는 대단한 기술 혁명인 셈이다.

기술의 압도적 우위를 점한 히타이트는 강력한 중앙집권적 왕권을 뒷심 삼은 정복 전쟁으로 기원전 14세기경에는 하투사스를 수도로 정했다. '히타이트'란 이름은 히타이트 왕국 최초의 왕인 하투실리의 이름에서 따온 것으로 추정된다. 그로부터 200여 년 뒤 히타이트제국은 여러 소왕국을 연합해 중앙집권적인 통치 체제를 완성했으며, 히타이트의 가장 위대한 왕 수필루리우마 때는 아나톨리아의 거의 전 지역과 시리아까지 영토를 넓혀 제국의 위세를 떨쳤다. 바로 이 시기에 장대한 건축물을 통해 아나톨리아 최대의 도시 문명을 이룩했다.

히타이트인의 지혜가 어린 유적지, 하투사스

규모를 가늠하기 어려울 만
큼 거대한 옥외 박물관, 보아즈칼레. 산허리를 휘감으며 거대한 도시 유
적이 펼쳐진다. 7,000명 정도가 거주했을 것으로 추정되는 해발 960미
터의 도시는 세 개의 주요한 문을 통해 출입을 통제했다. '왕의 문', '사
자의 문', '지하의 문'이 그것이다. '왕의 문'은 커다란 바위로 성벽을 쌓
고 돔 형태로 축조한 튼튼한 방어문이다. 이곳 입구에 서 있던 왕의 조
각상들은 아나톨리아 문명 박물관의 히타이트관에 전시되어 있다. 특히

사자의 문 │ 그리스 미케네 유적지 출입문인 '사자의 문'과 구조가 놀라울 정도로 비슷하다.

'사자의 문'은 그리스 미케네 유적지 출입문인 '사자의 문'과 구조가 놀라울 만큼 비슷하다. 평원과 연결되어 외적의 침입이 용이한 '지하의 문'은 돌로 두터운 피라미드형 성벽을 쌓고 좁고 기다란 통로를 'ㅅ'자형으로 관통시켜 출입을 통제했다.

아크로폴리스와 같은 언덕 위에 남아 있는 유적터는 왕의 궁정이었던 듯하다. 건물의 흔적은 없지만 두 개의 우물과 물 수송 설비의 흔적이 남아 있다. 계곡 아래에서 퍼 올린 물은 언덕 정상의 우물에 저장했다가 물레방아와 상수로를 이용해 언덕 아래의 주거지로 전달했다. 계곡 사이에는 맞은편의 또 다른 히타이트 도시인 야즐르카야와 연결된 다리를 놓았던 흔적도 남아 있다. 계곡 양 기슭에 청동으로 된 주춧돌을 단단히 고정시킨 다음 밧줄로 두터운 나무판자를 엮어 부교를 건설한 것이다.

지하의 문 | 전쟁에서 돌아온 히타이트 군인들은 반드시 이 문과 이어진 좁고 긴 통로를 통해 들어와야 했다.

고대인의 건축 기술이라기엔 믿을 수 없을 만큼 정교하고 실용적이다.

우물이 있는 언덕에서 조금 아래로 내려와서는 도서관터가 발견되었다. 이 일대에서만 쐐기문자로 된 히타이트어 점토판이 약 500점 이상 출토되었다. 지금까지 발굴해 해독 중인 아카드어와 히타이트어 점토판이 2만 5,000여 점에 이른다. 아카드 왕국은 기원전 2350년경 오리엔트를 통일한 셈계sem系 국가로, 아카드어는 오리엔트의 외교 언어이자 국제 공용어로 널리 사용되었다. 이는 사방이 열려 있는 오리엔트 지형상의 특징 때문에 수많은 나라와 제국이 흥망성쇠를 거듭했지만 문명의 주된 흐름은 이어지고 있었다는 것을 의미한다. 다행히 이 문자들이 대부분 해독됨으로써 히타이트의 역사가 더욱 선명하게 우리에게 다가오고 있다.

언덕 아래로 도시의 모습이 본격적으로 펼쳐진다. 먼저 대신전과 입구에 있는 커다란 초록색 제단이 눈길을 끈다. 신전 문에는 청동 경첩을 박아 문을 여닫게 한 흔적이 선명하게 남아 있다. 주거 지역에는 수많은 작은 방들이 밀집해 있는데, 신들을 위한 방이었다고 한다. 방과 방은 문으로 연결되어 있고, 정원에는 왕의 욕조가 보이고, 상수로로 물을 끌어다가 식수로 사용한 흔적도 확인할 수 있다. 정치 회의를 열었던 회의장으로 통하는 문은 삼중으로 되어 있는데, 각 문은 초병들이 좌우에서 지켰다고 한다. 거주지 입구에는 또 다른 관공서터가 보이는데, 그 유명한 카데시 조약 점토판이 발견된 곳이다.

주거 지역 아래로는 주방 구역과 외곽의 서민 거주 구역이 있다. 주방 구역에는 대형 항아리가 그대로 전시되어 있어 주민 7,000명의 식사를 준비하고 각종 식재료를 저장하던 모습을 자연스럽게 떠올리게 한

대신전과 마을이 있던 곳 ｜ 산비탈에 형성된 하투사스는 고지대에는 왕궁이 있고 저지대 비탈면에는 마을이 형
성되어 있다

다. 신전으로 말하자면 도시 안에 폭풍의 신 테슘 신전을 중심으로 70여 개의 신전이 모인 구역이 따로 있었다고 한다. 그 때문에 어떤 학자는 보아즈칼레를 히타이트의 종교 중심지로 보기도 한다. 더욱이 하투사스에서 3킬로미터 정도 떨어진 야즐르카야에는 군인과 왕 들은 물론 63명 신의 모습을 바위에 새겨놓은 신전 구역이 있어 히타이트제국의 복식, 의례, 신앙은 물론 오리엔트 지역의 종교적 영향과 갈래를 알 수 있게 해주는 소중한 유적지로 꼽힌다.

유적지 입구에는 안내문도 제대로 보이지 않는 자그마한 보아즈칼레 박물관이 자리 잡고 있다. 주요 유물들은 대부분 수도 앙카라나 이스탄불의 큰 박물관으로 실려 나갔지만, 히타이트 시대의 쐐기문자 점토판을 비롯한 토기와 소품, 장신구 등이 이곳에 전시되어 있어 잠시 돌아보며 생각을 가다듬기에는 안성맞춤이다. 박물관 옆, 소박한 길거리 카페에서 시골 아주머니가 솥뚜껑에 구워주는 치즈 부침개 괴즐레메Gözleme와 진한 터키식 커피를 곁들이며 눈앞에 펼쳐지는 3,500년 역사의 현장을 조망해보는 일도 놓칠 수 없는 즐거움이다.

두 대륙, 두 문명, 두 기술의 충돌

당시 철기는 최첨단 테크놀로지이자 가공할 신무기였다. 아날로그 시대에서 디지털 시대로 넘어가는 것만큼이나 획기적인 패러다임 변화의 시작이었던 철기 시대의 도래로, 히타이트는 세계를 향한 자신 있는 행보를 시작한다. 새로운 영토를 찾아 시리아 쪽으로 남하한 히타이트는 필연적으로 당시 이집트를 통치하고 있던 람세스 2세와 만나게 된다.

　　이집트 역시 군벌 세력인 람세스 2세가 왕위에 오른 이후, 강력한 조직을 갖추고 북쪽의 시리아 평원으로 진군하고 있었다. 북쪽으로는 지중해, 서쪽으로는 사하라, 남쪽으로는 열대우림, 동쪽으로는 홍해로 막혀 있던 이집트에게 유일한 출구는 시나이 반도로 이어지는 비옥한 오리엔트 땅, 히타이트의 영토였다. 히타이트 또한 북쪽에는 흑해, 남쪽에는 아라비아 사막, 동쪽의 산맥과 서쪽의 지중해 때문에 더 이상 팽창할 수가 없어 이집트를 목표로 남하하고 있었다. 메소포타미아 문명을 대표하던 최강국 히타이트와 이집트 문명이 드디어 정면충돌을 하게 된 것이다. 기원전 1274년경, 지금의 시리아 도시 카데시에서 맞닥뜨렸다. 두 대륙과 두 문명, 철기와 청동기라는 두 기술이 충돌한 세계 최초의 대전이었다. 히타이트는 이집트에 대항해 전쟁 역사상 처음으로 3,500대의 전차를 동원했다. 히타이트는 수적으로 열세였으나 청동기 무기로 무장한 이집트 군대를 상대로 승리했다. 전차와 철기의 우월성을 증명해 보인 셈이다. 이 전쟁으로 카데시 조약이 체결되었다. 물론 이집트 룩소르의 람세스 신전 기둥에는 이 전투에서 이집트가 승리했다고 기록되어 있다. 이렇듯 역사란 기록자의 손끝에서 만들어지기도 한다.

군소국 페니키아의 문자가 알파벳의 기원이 된 이유

　　　　　　　　　　　　　　　　　　승자든 패자든 이 전쟁은 두 제국 모두에게 심대한 타격을 주었다. 그리고 그 틈바구니에서 새로운 정치 세력이 생겨난다. 이것이 역사의 메커니즘이다. 제국의 위세나 군사력에 눌려 기회만 엿보던 주변의 여러 군소국들이 고개를 쳐들기 시작한 것이다. 이 시기에 절호의 성장 기회를 놓치지 않은 한 나라가 있다. 바로 지금의 레바논 지중해 해변을 근거지로 해상 국가로 발돋움한 페니키아다. 히타이트와 이집트를 꺾기에는 역부족이었지만 페니키아는 이 두 제국이 가쁜 숨을 몰아쉬고 있는 사이, 힘의 일시적 공백 상태에서 정면승부를 피해 아무도 관심을 보이지 않던 바다를 출구로 삼았다. 페니키아가 세계 최초의 지중해 해상 교역 국가가 된 배경이다.

페니키아인들은 백향목과 소라고둥을 수출하면서 지중해 무역을 석권했다. 당시 기술로 황제의 옷을 만들 때만 썼던 귀한 붉은색 염료는 소라고둥에서만 추출할 수 있었다. 페니키아 연안에서 잡히는 소라고둥 1만 2,000개에서 겨우 1.4그램의 붉은색 염료를 추출할 수 있었다고 하니 그 가치가 어느 정도인지 짐작할 수 있다. '페니키아Phoenicia'는 그리스어로 '붉은 염료 상인'이란 뜻을 가지고 있다. 또한 레바논의 국기 문양인 백향목은 단단하고 우수한 목재로 궁전이나 신전을 건축하는 데 필수품이었기 때문에 목재가 귀한 이집트는 물론 그리스, 로마와 지중해 일대에 널리 수출되었다.

하지만 페니키아가 아무리 국제 교역으로 크게 번성했다 해도, 어떻게 거대 제국 이집트도 히타이트도 아닌 군소국 페니키아의 문자가 오늘날 세계 공용어인 알파벳의 기원이 되었을까? 페니키아 이전에는 문자가 없었을까? 물론 그렇지 않다. 그 이전에 이미 이집트 상형문자, 수메르어, 아카드어, 히타이트의 설형문자 등 수많은 문자들이 있었다. 그런데 왜 하필 페니키아 문자일까?

답은 의외로 간단하다. 그 이전의 문자들도 훌륭했지만 특권과 부를 독점하고자 하는 지배 계층의 전유물이어서 일반 시민들은 결코 배울 수 없었다. 문자가 일종의 지식 권력이었던 셈이다. 그런데 페니키아 사람들은 장사와 교역을 하는 데 필요한 도구로서 누구나 쉽게 이해할 수 있는 간단한 문자가 필요했다. 누구하고든 흥정을 하고 물건 값을 정하고 주문을 기록해야 했기 때문이다. 그야말로 먹고살기 위해 개인과 개인이 자유롭게 소통할 수 있는 문자 체계를 만든 것이다. 이것이 22개 알파벳을 가진 페니키아 문자가 만들어지고 확산된 배경이다.

제국 히타이트의 멸망

히타이트와 이집트가 힘겨루기를 하는 동안 페니키아와 함께 세력을 키운 또 다른 나라로, 팔레스타인 지역의 헤브라이 왕국이 있다. 솔로몬 왕 때 전성기를 이루었고, 일신교를 받아들여 오리엔트 일대가 훗날 유대교, 기독교, 이슬람교라는 일신교의 토양이 되는 영적인 기틀을 다졌다.

그렇다면 히타이트는 어떻게, 왜 멸망했을까? 기원전 1200년 무렵은 첨단 기술인 철기를 차지하려는 나라들 간의 지나친 경쟁과 빈번한 전쟁으로 점철된 혼란기였다. 이 틈에서 프리기아는 오리엔트에서 새로운 통일국가의 기틀을 다진다. 원래 프리기아는 트로이에 복속된 소국이었다. 그런데 아테네 전쟁의 패배로 트로이가 힘이 약해진 사이, 프리기아가 힘을 키우기 시작했다. 아무리 힘을 키워도 프리기아에게 아테네는 여전히 벅찬 상대였으므로 대신 동방으로 기수를 돌려 정벌에 나선다. 그리고 아나톨리아 동북부에서 히타이트와 충돌하게 된다.

공교롭게도 당시 히타이트는 이집트 람세스 2세와의 오랜 전쟁으로 지칠 대로 지쳐 있는 상태였다. 의외로 히타이트가 속절없이 무너진다. 제국의 수명이 다한 것이다. 막강한 대국일지라도 오랜 혼란기 끝에는 외부의 약한 충격에도 쉽게 무너진다는 것을 역사의 반복을 통해 우리는 배웠다. 히타이트를 대신해 아나톨리아 반도를 통일하고 새로운 시대를 연 국가가 프리기아였다. 그리고 전성기의 통치자가 유명한 미다스 왕이다. 제국에서 쫓겨난 히타이트인들은 남쪽으로 도망쳐 시리아 부근에 자리를 잡는다. 그리고 8세기경, 신히타이트라는 작은 국가를 건설해 옛 영광을 되찾으려 했지만 6세기경 아시리아에 의해 멸망하고 역사 속으로 영원히 사라졌다.

우리가 따로따로 기억하는 이집트, 트로이, 페니키아, 프리기아, 히타이트 사이에는 이런 관계도가 숨어 있었다. 이처럼 각국의 역사는 동떨어진 것이 아니라 상호 협력과 갈등의 결과이며, 그 안에는 흥미진진한 이야기가 있다. 이 중심에 히타이트가 있고 그 무대가 바로 지금의 터키, 아나톨리아 반도인 것이다.

11

로마보다 더 로마다운
도시 박물관

에페소스
박물관

RGAMA

이즈미르에서 남쪽으로 60킬로미터 떨어진 에페스에는, 그리스 문화의 영성과 철학적 바탕, 로마 문화의 화려함이 한데 모여 있다. 고대 그리스 아테네가 식민지로 삼은 이오니아의 중심지였으며, 훗날 사도 요한과 마리아가 정착했고 사도 바울이 두 번이나 머무르며 기독교를 전파한 땅이기도 하다. 또한 로마가 아시아 지역의 수도로 삼을 만큼 부가 집중되었다.

에페스로 가기 위해선 보통 이즈미르를 경유하는데, 이스탄불에서 이즈미르까지 자동차로 해안 도로를 달리는 방법이 있다. 이스탄불에서 출발하면 열 시간 넘게 걸리지만 유럽에서도 손꼽히는 멋진 풍광이 펼쳐지는 환상적인 드라이브 코스를 즐길 수 있다. 터키 바다는 이즈미르 앞바다를 경계로 서쪽 에게 해와 남쪽 지중해로 나뉜다.

시간이 여의치 않을 때는 비행기를 이용하면 된다. 이즈미르까지 한 시간이면 충분하다. 도착지는 아드난 멘데레스 공항. 이 이름을 들을 때마다 콧등이 시큰해진다. 아드난 멘데레스는 터키 최초의 민선 총리였다. 우리와는 한국전쟁이 발발했을 때 어렵게 터키군 파병을 결정한 인연이 있다. 온건한 보수 세력이 흠모하던 비운의 정치인이었던 그는 터키의 국부인 아타튀르크의 일당 독재를 청산하고 처음으로 실시한 다당제 자유선거에서 70퍼센트에 가까운 압도적인 지지율로 총리에 취임한다. 그는 무조건적인 서구 지향보다는 전통 문화와 이슬람이라는 종교적 가치를 바탕으로 하는 근대화를 표방했다. 그러나 국민의 지지를 한 몸에 받는 그가 종교 세력과 함께 정치 세력화를 도모하려는 것을 눈치 챈 군부는 1960년 쿠데타를 일으킨다. 아타튀르크 정신의 맹신적 추종자였던 군부는 그를 군사법정에 세워 사형을 선고한다. 이 사건으로 터키 국민들은 큰 충격에 휩싸였다. 오랫동안 반역자로 몰려왔지만 민주주의 시대가 열린 이후 그의 명예는 복권되었고, 전 세계 사람들이 찾는 이즈미르 공항에서 그의 이름은 화려하게 되살아났다.

공항에 도착해 20분 정도를 차로 이동하면 이즈미르 시내에 도착한다. 기나긴 해변을 따라 아파트와 호텔 등이 들어서 있다. 시내에서는 고대 도시의 분위기는 찾아볼 수 없다. 그나마 로마 시대 시장이었던 아고라 정도만이 남아 있다. 아고라는 기원전 4세기 그리스 시대 시장터였는데, 178년 대지진으로 붕괴된 것을 마르쿠스 아우렐리우스 시대에 복원한 것이다. 아고라 중앙에 제우스 제단이 있고 양옆으로 열주가 받치고 있는 2층 건물에 농사의 여신 데메테르와 바다의 신 포세이돈의 상이 풍요와 안전을 지켜줬을 테지만 지금은 흔적을 찾기 힘들다. 이런 아쉬움은 에페소스 박물관과 에페소스 유적지에서 충분히 떨쳐낼 수 있다.

아르테미스가 반기는 에페소스 박물관

에페소스 박물관은 오리엔트 최대의 그리스 로마 도시였던 에페소스에서 발굴한 유물이 전시된 곳이다. 사실 처음에는 유적지의 유물들이 외국으로 반출되었다. 1867년부터 1905년까지는 영국으로 대거 빠져나갔고, 1905년부터 1923년까지는 오스트리아 비엔나로 옮겨졌다. 이후 터키 정부는 유물의 해외 반출을 엄격히 금지했다. 그리고 1983년 터키 유물 보존 계획에 따라 에페소스 박물관이 세워졌다. 이곳에는 에페소스에서 발굴된 유물들뿐 아니라 에게 해 연안의 수많은 도시 유적에서 출토된 고대의 조각품과 신상, 유리와 도자기, 동전과 장신구 등을 전시하고 있다. 에페소스 박물관은 소장 유물을 연대가 아니라 발굴 장소, 테마에 따라 전시한다.

에페소스 박물관의 최고 유물은 단연 하얀 대리석으로 만든 아르테미스 여신상이다. 아나톨리아 반도에서 오랫동안 농경의 주신으로 숭배했던 완벽하고 아름다운 여신, 아르테미스. 날렵한 몸매에 인자한 표정, 긴 머리 장식과 화려한 조각이 보여주는 권위, 가슴에 매달린 많은 달걀이 상징하는 풍요의 약속, 신비로움으로 가득한 아르테미스 여신상은 오리엔트 신앙의 가장 전형적인 메시지를 담은 걸작이다. 나를 비롯해 먼 길을 달려온 여행자들은 이 여신상에 매혹되어 몇 시간이고 그 앞을 떠나지 못한다.

고대부터 에페소스 사람들은 풍요의 여신 키벨레를 섬겨왔다. 키벨레는 후일 이오니아의 영향을 받아 사냥과 달의 여신 아르테미스로, 로마 시대에는 다이아나로 이름을 바꾸며 이어져왔다. 소아시아의 주신으로 풍요와 다산을 관장했던 아르테미스를 위해 에페소스 주민들은 황

하얀 대리석으로 만든 아르테미스 여신상 │ 아나톨리아 반도에서 오랫동안 농경의 주신으로 숭배했던 완벽하고 아름다운 여신 아르테미스. 가슴에 달린 많은 달걀은 풍요를 뜻한다. 아르테미스를 위해 지은 신전 크기는 아테네 파르테논 신전의 네 배였다고 한다.

홀한 신전까지 지었다. 당시 에페소스의 풍요로운 부를 보여주는 이 신전은 사람의 손으로 이루어낸 가장 기적적인 건축물인 '고대 7대 불가사의'에 꼽혔다. 길이 115미터, 폭 55미터로, 아테네 파르테논 신전의 네 배에 해당하는 규모였다고 한다. 에페소스를 방문한 고대 여행가 파우사니아스는 7대 불가사의 중에서도 아르테미스 신전이 가장 경이로운 업적이라고 찬사를 아끼지 않았다. 오로지 대리석으로만 지은 이 신전에는 기원전 560년경 그리스와 오리엔트의 온갖 예술적 기량이 발휘되었다. 대부분의 그리스 신전들이 동쪽을 향해 있는 데 반해 아르테미스 신전은 서쪽을 향하도록 설계되었다. 이를 통해서도 당시 사람들이 아르테미스 여신을 아나톨리아의 토착 신으로 여기며, 오리엔트 신앙의 전통을 따랐음을 알 수 있다. 불행히도 신전이 있던 자리에 지금은 흩어진 석재로 어설프게 이어붙인 기둥 하나만 잡초 속에 덩그러니 서 있을 뿐이다. 기원전 356년 화재로 완전히 불탔고, 그 후 고트족과 비잔틴제국의 공략으로 그나마 남아 있던 흔적들마저 하나씩 자취를 감췄다. 아름다운 기둥의 일부는 이스탄불의 성 소피아 성당으로 운반되어 지금은 다른 신을 떠받치고 있다.

에페소스 박물관을 나오면 걸어서 갈 수 있는 거리에 수많은 유적들이 있다. 어디를 먼저 보고 어디로 가야 할지 모를 정도다. 이럴 때는 놓치지 말아야 할 것의 우선순위를 정하는 것이 중요하다. 언제 피치 못할 상황이 벌어져 여행의 하이라이트를 놓칠 수 있기 때문이다. 에페소스에서 내가 정한 1순위는 바로 에페소스 유적지다.

오리엔트 최대의 로마 도시, 에페소스 유적지

　　　　　　　　　　　　　　아침 일찍 와도 언제나 에페
소스 유적지 입구에는 기다란 줄이 늘어서 있다. 이 드넓은 지역에서 아
크로폴리스 언덕 위 북쪽의 마그네시아 문을 출발점으로 정했다. 아크
로폴리스란 고대 그리스 도시 국가에서 가장 핵심이 되는 요새를 뜻하는
것으로 아크로acro는 높다는 뜻을 갖고 있다. 좌우로 펼쳐진 유적의 도시
기능만 보아도 이곳이 아시아 최대의 로마 수도였음을 금방 알아챌 수
있다. 대리석 신전과 도서관, 소극장과 대극장, 아고라와 스타디움, 거
주지와 창고, 목욕탕과 화장실, 분수와 정원 등이 이렇게 잘 보존된 로마

에페소스 유적지 ｜ 로마제국의 아시아 수도이자 세상의 모든 부가 집중되었던 도시, 에페소스.

도시를 본 적이 없다. 그리스 로마 시대를 통틀어 아테네와 로마 다음으로 최대 규모의 도시다.

이는 에페소스의 도시 역사를 봐도 알 수 있다. 거의 모든 고대 도시와 마찬가지로 에페소스의 탄생에도 신화나 전설이 얽혀 있다. 에페소스의 신화는 아테네 왕의 아들 안드로클루스가 물고기와 멧돼지가 가리키는 곳에 이오니아의 도시를 건설하라는 신탁을 받는 것에서 출발한다. 안드로클루스가 피온 산 어귀에서 어부들과 생선을 굽고 있을 때 물고기 한 마리가 화로에서 석탄과 함께 튀어나가 옆의 덤불에 불이 붙었다. 이때 덤불에 숨어 있다가 놀라 튀어나온 멧돼지를 어부가 잡았는데, 바로 그 장소가 아르테미스 신전터가 되고 거기서부터 도시가 본격적으로 건설되었다고 전해진다. 기원전 600년경의 일이다. 이때부터 바다와 내륙을 낀 에페소스는 아나톨리아 반도와 지중해를 연결하는 무역으로 크게 번성했다. 한때는 세상의 모든 부가 이곳으로 집중될 정도였다. 그리고 이 무렵, 아나톨리아 반도 상인들의 활발한 국제 교역과 외환 거래를 돕기 위해 상업 은행을 설립했다고 한다. 아마 그것이 현대 은행의 효시였으리라.

에페소스는 기원전 600년경 리디아의 크로이소스 왕에 이어 페르시아의 지배를 받다가 기원전 334년에는 알렉산드로스 대왕의 통치를 받았다. 기원전 336년에 화재로 소실된 아르테미스 신전을 복원한 것이 알렉산드로스 대왕이다. 이 도시의 절정기는 기원전 129년, 로마의 속주로 편입되어 로마제국의 아시아 수도로 정해지면서부터다. 인구 25만 명 규모로, 로마에 버금가는 큰 도시로 성장했다. 지금 남아 있는 유적들 대부분이 그 시기의 것이다.

하나하나 천천히 둘러본다. 유적지 입구에서 바로 오른편으로 작은 아고라가 있고, 맞은편에 관람석과 작은 무대가 설치된 소극장 오데온이 눈에 들어온다. 길에는 붉은 돌로 구워 만든 돌 파이프가 방치되어 있다. 하수 시설을 위해 묻었던 관이다. 이미 그 시기에 도시 환경과 생활 편의를 고려해 배관 설비를 갖춘 것이다. 중심가라 할 수 있는 크레테스 길을 따라 언덕 아래로 방향을 잡는다. 크레테스 길 오른쪽으로 향하면 헤라클레스 문과 트라야누스 황제 분수가 있고 이를 지나면 로마 건축의 압권인 하드리아누스 신전을 볼 수 있다. 138년에 세워진 이 신

(위) 니케아 여신상. (아래) 하수시설을 위해 묻었던 돌 파이프 | 기원전부터 도시 환경과 생활 편의를 고려해 배관 설비를 갖췄다는 것을 알 수 있다.

로마 건축의 압권인 하드리아누스 신전 │ 네 개의 코린트식 기둥 위의 아치에는 아테나 여신, 아폴로, 테오도시우스 황제와 그의 가족들이 1,850여 년의 세월을 지키고 있다.

전에는 네 개의 코린트식 기둥이 있고 그 위로 아치가 남아 있는데, 아치 위에는 마치 살아 있는 듯 정교하고 화려한 왕과 신 들의 모습이 조각되어 있다. 아테나 여신, 아폴로, 테오도시우스 황제와 그의 가족들이 1,850여 년의 세월을 지키고 있다.

하드리아누스 신전을 지나 정면에 보이는 셀수스 도서관은 에페소스를 대표하는 인상적인 건물 중 하나다. 벽은 이중으로 되어 있는데 소장 도서 대부분이 습기에 약한 양피지로 만든 소장 도서를 보존하기 위해 통풍을 고려했기 때문이다. 밖에서는 2층처럼 보이는데 안뜰은 뚫린 공간으로, 서고와 공부방이 복원되어 있다. 학문을 사랑하고 책 수집을 즐겼던 로마의 아시아 총독 셀수스를 기리기 위해 그의 아들 율리우스 아킬라가 135년에 건설했다. 도서관 뒤로는 거대한 아고라가 있고, 왼편으로는 사창가까지 있었다. 도로변 대리석 바닥에 새겨진 사창가 표지판을 보고 사람들마다 야릇한 표정을 짓는다. 대리석 발자국에 직접

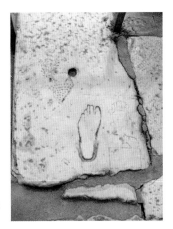

사창가 표지판 | 발을 직접 맞춰보고 일정 나이 이상의 성인인지를 확인해 출입 여부를 결정했다.

셀수스 도서관 ｜ 습기에 약한 양피지로 만든 소장 도서를 보존하기 위해 벽은 이중으로, 천장은 2층 높이로 올려 지어 통풍이 잘 되도록 했다.

자신의 발을 대어보고, 그보다 작은 사람은 미성년자 취급을 받아 출입이 제한되었다. 어쩌면 최초의 옥외 광고판이 아닐까 싶다. 회랑을 갖춘 집들이 모여 있는 주택가와 저택의 정원에 남아 있는 선명한 모자이크, 목욕탕과 화장실, 체육관과 경기장 등을 제대로 보려면 며칠은 걸릴 것 같다.

이제 에페소스 대극장으로 향한다. 원형이 거의 완벽하게 보존되어 있는 아시아 최대의 그리스 로마식 극장이다. 극장의 좌석 형태와 전체 구조에 그리스식 건축 양식이 군데군데 남아 있지만, 현재의 모습 대부분은 초기 로마 시대인 41~117년 사이에 완공되었다. 중앙 무대의 지름은 40미터에 이르고 무대 정면 건물은 부조와 조각으로 빼곡하다. 2만 5,000명을 수용하는 관중석은 위로 갈수록 점점 경사가 급해져서 어디서나 무대가 잘 보이게 설계되었다. 음향과 무대는 지금도 매년 국제 음악제가 열릴 정도로 흠 잡을 데 없다.

에페소스 대극장은 사도 바울과 특별한 인연이 있다. 바울은 50년경 어렵게 에페소스 사람 몇 명을 개종시키지만 곧 추종자들과 함께 추방당한다. 바로 이곳 대극장에서 설교 도중 시민들의 항의에 쫓겨 에페소스를 떠나야 했던 것이다. 오랜 세월 동안 키벨레와 아르테미스, 다이아나 여신을 숭배하는 문화적 토양을 다져온 에페소스 시민들에게 기독교는 매우 위협적이고 위험한 종교로 받아들여졌다. 특히 다이아나 여신상을 조각해 팔던 은 세공업자들이 기독교를 맹렬히 반대했다. 이런 에페소스가 훗날 로마의 기독교 공인 이후 기독교 중심 도시로 번성했다는 것은 매우 역설적이다. 이렇듯 바울과 함께 에페소스는 소아시아

에페소스 대극장 │ 2만 5,000명을 수용하는 아시아 최대 그리스 로마식 극장으로 음향과 무대는 지금도 매년 음악회가 열릴 정도로 흠잡을 데 없다.

에 기독교가 뿌리내릴 수 있는 토양이 되었다. 〈고린도전서〉(3:6)에 나오는 "바울이 심고, 아폴로스가 물을 주고, 하나님이 자라게 하셨다"라는 표현에서도 이를 엿볼 수 있다. 터키에 세워진 초기 7대 교회 중 하나가 이곳에 설립되었으며, 431년에는 삼위일체 사상을 기독교의 정통 교의로 최종 확인하는 공회가 에페스에서 열려 기독교 세계가 새롭게 뻗어나가는 시발점이 되었다. 이 공회에서는 네스토리우스파를 이단으로 배척했는데, 예수의 완전한 신성을 부정했을 뿐만 아니라 마리아를 테오토코스Theotokos, 즉 성모聖母로 보지 않고 '예수의 어머니'로 보았기 때문이다. 이단으로 몰린 네스토리우스파는 실크로드를 따라 중국까지 건너갔고, 이후 경교景敎로 자리잡았다. 우리나라에서도 돌 십자가와 성모상이 발견된 바 있으나 이 또한 경교의 일종으로 보는 견해가 우세하다. 공회가 열렸던 장소는 에페스 도심의 테오토코스 교회였으며 해안가 도로를 따라가다 보면 북쪽에 보이는 좁고 긴 건물터로 추정된다.

성모마리아가 여생을 보냈던 마리아 하우스

에페스에 오면 빠뜨리지 말고 꼭 참배하고 가야 할 곳이 있다. 성모마리아가 마지막 여생을 보냈던 마리아 하우스다. 에페소스에서 7킬로미터 떨어진 420미터 높이의 산 중턱에 위치해 있다. 431년 에페스에서 열린 제3차 종교회의 기록에는 예수 사후 37~48년에 사도 요한이 성모마리아를 모시고 에페스에 와서 살다가 코레수스 산 위에 집 한 채를 지어주었다고 한다. 그런데 그로부터 1,800년 가까이 지난 1878년, 안나 가타리나 엠머릭이라는 독일의 수녀가 꿈속에서 한 번도 가본 적이 없는 이 장소에 가게 되었고, 잠에서 깨어 정확히 그 장소를 묘사했다. 그녀의 증언을 토대로 독일 시인 클레멘스 브렌타노가 《성모마리아의 생애》라는 책을 출간하기에 이르자, 마리아가 살았던 집의 위치에 대한 관심이 증폭되었다. 결국 1892년 이즈미르 대학 탐사 팀이 마리아 집의 실체를 밝히는 데 성공했다. 발견 당시의 집터는 엠머릭 수녀가 꿈을 보고 묘사한 모습과 거의 정확히 일치했다. 그리고 1967년, 교황 바오로 6세가 이곳을 방문해 미사를 드리면서 가톨릭의 공식 성소로 인정받게 되었다.

마리아 하우스 | 사도 요한이 성모마리아에게 지어줬다는 마리아 하우스는 1,800년이 지난 후 어느 독일 수녀의 꿈에 나타난다. 이 꿈을 토대로 1892년 이즈미르 대학 탐사 팀이 실체를 밝혀냈고 1967년 교황이 방문해 미사를 드리면서 가톨릭의 공식 성소로 인정받게 되었다.

간절한 마음들이 모인 마리아 하우스 ┃ 마리아 하우스 앞에는 소망을 담은 천조각을 붙이고 작은 예배소에 촛불을 밝히려는 순례객들로 늘 붐빈다. 히잡을 쓴 여성들도 많다.

이 건물은 하나의 돔으로 되어 있으며, 입구에는 작은 홀이 있고 건물 뒤쪽에는 반원형 제단이 있는 예배소가 있다. 오른쪽은 침실, 왼쪽은 부엌으로 사용했던 듯하다. 촛불이 밝혀진 자그마한 예배소는 전 세계에서 몰려든 순례객들로 늘 붐빈다. 예배소 아래에서는 성스러운 샘물이 지금도 솟아나고 있으며, 그 옆 고목에는 간절한 소망을 담은 천조각들이 나뭇잎처럼 무성하게 매달려 있다. 성수를 마시고 부적을 달면서 오리엔트의 마리아는 이제 종교를 초월해 모든 이들의 소원을 들어주는 '우리의 성모'가 된 것이다.

헬레니즘 문화를 집대성한 왕국, 페르가몬 유적지

에페스까지 왔다면 한 시간 거리에 있는 페르가몬 고왕국의 도시 베르가마를 그냥 지나칠 수 없다. 특히 역사와 인문학을 좋아하는 사람들이라면 오리엔트 최대의 도서관이 있던 이곳에서 남다른 감흥을 느낄 수 있을 것이다. 뿐만 아니라 그리스 식민 시대의 대형 종합병원 아스클레피온이 있고, 성경에 '버가모'로 나오는 초대 7대 교회가 있던 성소이기도 하다. 터키어로 베르가마라고 불리는 이곳은 고대엔 그리스어로 페르가몬이라고 불렸다. '성castle'이란 뜻의 페르가몬은 그리스 신화 속 아킬레스의 손자 페르가무스가 건설한 고대 도시로, 도시명도 그의 이름에서 유래했다. 기원전 2세기 페르가몬 왕국은 그리스, 아테나, 이집트에 버금갈 정도로 번성했으며, 헬레니즘 문화를 집대성해 엄청난 규모의 사원과 신전을 건설, 예술과 학문의 중심지가 되었다.

페르가몬 도서관은 이집트 알렉산드리아 도서관과 경쟁하면서, 오리엔트와 그리스 학문을 집대성한 세계 최고 학문의 전당으로 우뚝 섰다. 페르가몬 왕국의 학문과 산업이 융성해지자, 자국 학자들의 아이디어가 유출되는 것에 위협을 느낀 이집트의 프톨레마이오스왕조는 파피루스의 수출을 중지한다. 페르가몬 도서관은 한동안 큰 타격을 입었지만 결국 파피루스를 대신할 양피지를 개발해냈다. 그 덕에 페르가몬 왕국의 학문은 계속 발전할 수 있었다. '양피지parchment'란 말도 페르가몬Pergamon에서 유래했다고 한다. 복잡한 기록으로 인한 혼동을 막기 위해 쪽수를 매기게 된 것도 양피지를 사용하면서 처음 시작되었다.

페르가몬의 아크로폴리스는 매표소가 있는 입구부터 시작된다. 성벽을 따라 올라가면 아테나 신전과 트라야누스 황제의 신전이 대리석 기둥 몇 개에 겨우 아치를 얹고 서 있다. 그 많은 나머지 기둥들은 콘스탄티노플로, 또 로마제국의 변방으로 실려가 지금은 다른 유적을 받치는 주춧돌 위에 서 있을 것이다. 이 두 신전 사이가 바로 그 유명한 페르가몬 도서관 자리다. 한때는 장서만 20만 권에 달했다고 하지만 지금 우리가 확인할 수 있는 것은 몇 개의 주춧돌과 돌기둥뿐이다.

페르가몬 도서관 | 당대 오리엔트 최대 도서관으로 장서가 20만 권에 이르렀다. 책을 만들 때 파피루스 대신 양피지를 개발해 썼는데, 양피지parchment란 말도 페르가몬pergamon이란 단어에서 유래되었다.

도서관터에서 내려오면 아래로 페르가몬 극장이 숨어 있다. 그리스 양식이 남아 있는 헬레니즘 양식의 대극장이다. 무대와 객석을 원형으로 넓게 짓는 일반적인 그리스 극장과 달리 언덕의 급경사를 이용해 관중석을 언덕 위까지 이어지게 만들었다. 음향 효과를 높이고 무대를 가까이서 보는 듯 생동감 있게 즐길 수 있도록 관중석을 높은 곳까지 설계한 것이라고 한다. 그래서인지 무대에서의 대화가 언덕 위에서도 선명하게 들린다. 2,000년 전, 이 좁은 언덕에 1만 명을 수용할 수 있는 극장을 설계했던 그리스 건축가들에게 절로 찬사를 보내게 된다.

페르가몬 극장 | 그리스 양식이 남아 있는 헬레니즘 양식의 대극장이다. 언덕의 경사를 이용해 관중석을 만들어 무대가 가깝게 보이고 무대의 대화가 언덕 꼭대기에서도 선명히 들린다.

극장 위 언덕 남쪽에는 페르가몬의 또 다른 걸작인 제우스 신의 제단이 있다. 기둥과 건물 기단의 흔적만 나무숲에 가려져 있어 지나칠 수도 있으니 잘 찾아봐야 한다. 순백의 대리석 기둥과 올림포스 신들의 전쟁을 묘사한 섬세한 벽면 부조, 제단 상단 조각지붕의 원형은 현재 베를린의 페르가몬 박물관에 소장되어 있다. 지금도 '페르가몬 유적을 페르가몬으로'라는 슬로건 아래 베를린에 있는 페르가몬 유물의 반환을 위한 국제적인 운동이 열기를 더해가고 있지만, 아직은 독일에서 돌려줄 낌새가 보이지 않아 아쉽기만 하다. 언덕을 따라 내려오면 아고라와 로마 목욕탕, 스타디움을 만난다. 이제야 페르가몬 도시 전체의 윤곽이 잡히는 느낌이다.

히포크라테스가 의술을 익힌 아스클레피온

페르가몬이 세계적인 명성을 얻게 된 것은 앞서 말한 페르가몬 도서관과 더불어 아스클레피온 덕분이다. 페르가몬 남서쪽에 있는 고대의 최고이자 최대 종합병원인 아스클레피온은 도서관과 달리 비교적 원형이 잘 보존되어 있었다. 이곳은 당시 그리스 에피다브로스에 있던 아스클레피온 병원에 버금가는 의료와 의학의 중심지였다. 입구에서부터 넓은 도로 양옆으로 수백 개의 열주가 사람들을 반긴다. 로마 시대의 시장터라고 한다. 길이 끝나는 왼쪽 지점에는 의학의 신 아스클레피오스의 신전이 있다. 의학의 신 조각상은 뱀에게 온몸이 칭칭 감긴 형상이다. 뱀이 허물을 벗고 환생하듯, 고통과 질병의 굴레를 던져버리고 새로운 삶을 얻으리라는 신화적 상징이 담겨 있다. 고대는 물론 지금도 유럽이나 이란, 중앙아시아 문화권에서는 약국 표시를 몸을 칭칭 감고 있는 뱀 모양으로 한다. 아스클레피온 중앙 정원에는 성스러운 샘이 흐른다. 한 모금 마시니 온몸의 나쁜 기운이 씻겨 나가는 듯 상쾌하다. 북쪽 귀퉁이에는 환자들과 의사들을 위한 로마 시대 극장이 남아 있다. 치유를 위한 병원의 부속 건물로, 환자 스스로 희극과 비극의 주인공이 되어 자아를 찾게 하는 심리요법을 통해 병을 치료하는 고대인의 지혜를 엿볼 수 있다.

현대와 마찬가지로 고대의 병원 역시 각 분과별로 세분되어 있었다. 두개골 절개수술까지 했던 외과와 내과, 산부인과, 정신과 등 수십 개의 과로 나뉘었고, 전문 영역마다 고유한 치료법으로 환자를 치료했다고 한다. 특히 꿈을 이용한 심리 치료, 진흙 마사지 요법, 성수를 마시는 치료법, 허브 향 치료법, 명상과 참선을 통한 정신과 치료법 등이 당시부터 사용되었다고 한다. '의학의 아버지'라 불리는 히포크라테스가 의술을 익힌 곳도 바로 이곳이다.

무엇보다 아스클레피온 병원이 유명해진 것은 이 병원이 배출한 걸출한 의사 갈레노스 덕분이다. 페르가몬 출신인 그는 알렉산드리아, 그리스 등 소아시아 곳곳에서 폭넓은 의학 공부를 한 뒤 귀향한다. 처음에는 검투사들을 관리하는 의사로 출발했다가, 후일 로마 황제의 주치의로 명성을 얻었다. 갈레노스는 특히 순환기와 신경 계통의 질병에 정통해 이를 체계화했으며, 500권에 달하는 의학 서적을 저술했다. 그의 의학 이론은 17세기 중반까지 중동과 유럽 의과 대학의 기본 텍스트로 쓰일 정도였다.

고대 최고, 최대 종합병원인 아스클레피온 | 고대부터 병원은 두개골 절개수술까지 했던 외과와 내과, 산부인과, 정신과 등 수십 개의 과로 나뉘었다. '의학의 아버지'라 불리는 히포크라테스도 바로 여기서 의술을 익혔다.

사탄이 왕관을 쓴 곳, 크즐 아블루

페르가몬의 아크로폴리스 언덕에서 버스 정류장으로 내려오면 시가지 북쪽 거리에서 오랜 역사를 가진 교회 크즐 아블루를 볼 수 있다. 붉은 벽돌로 지은 건축물이어서 '붉은 관', '붉은 대성당', '레드 바실리카' 등으로 불리는 이 오래된 유적은 원래 2세기경에 세라피스, 이시스, 오시리스 등 이집트의 대표적인 신들을 모신 신전으로 지었는데, 로마 후기에 기독교가 국교화되면서 기독교회로 바뀌었다고 한다. 독특하게도 페르가몬 관광 안내도를 보여주면 크즐 아블루에 입장할 수 있다.

붉은 대성당, 크즐 아블루 | 〈요한계시록〉에 나오는 초기 7대 교회 중 하나인 아포칼립스 교회터라고 전해진다. 지금도 북쪽의 일부 건물은 이슬람 사원으로 쓰이고 있다.

크즐 아블루는 아나톨리아 반도에 잔존하는 최대 규모의 고대 신전이다. 신전 건물만 해도 동서 길이 60미터에 남북 길이 26미터, 담장 높이가 19미터에 이른다. 신전 지하에는 두 개의 터널을 뚫어 놓았는데 이곳으로 셀리누스 강물이 흐르도록 설계되었다. 이집트 신을 모시면서 나일 강의 범람을 상징적으로 표현하기 위해서인 듯하다. 신전 아래로 뚫려있는 깊은 구멍을 통해 높은 꼭대기 층으로 연결되어 있는데, 그곳에서 설교를 했다고 한다. 바로 이곳이 〈요한계시록〉에 나오는 초기 7대 교회 중 하나인 아포칼립스 교회터라고 전해진다. 그런데 〈요한계시록〉 (2:3)에서는 페르가몬의 혼란과 방종을 비난하면서 크즐 아블루를 "사탄이 왕관을 쓴 곳"이라고 표현하고 있다.

지금도 크즐 아블루 북쪽의 일부 건물은 이슬람 사원으로 쓰이고 있다. 옆에는 모스크 첨탑으로 사용된 듯한 둥근 벽이 있고, 교회 뒤뜰에는 이슬람교 묘지 비석이 널려 있다. 묘비에는 히브리어도 보인다. 이곳에 쿠루툴루시Kurtulus 모스크가 있었다고 한다. 시대가 바뀌고 사람들은 새로운 종교의 외피를 걸쳤지만, 성스러운 장소를 독점하지 않고 토착의 고대 문화에 깊이 뿌리를 내리고 있는 점이 인상적이다. 한때 소아시아를 장악해 오리엔트적인 그리스 문화를 꽃피웠던 페르가몬 왕국은 기원전 129년 아탈루스 3세가 자신의 왕국을 고스란히 로마에 헌납하면서 막을 내렸다. 그렇게 해서 페르가몬은 로마제국의 아시아 지역 수도로서 로마형 도시로 거듭났다.

12

히에라폴리스 박물관

KKALE

하얀 석회암이 산화칼슘에 녹아내려 군데군데 작은 온천을 이룬 곳, 이곳은 터키에서 가장 아름다운 고대 그리스 로마 유적, 히에라폴리스. 히에라폴리스는 파묵칼레 언덕에 세워진 고대 도시다. 파묵칼레는 '목화의 성'이란 의미로, 석회 성분을 다량 함유한 온천수가 1만 4,000년 동안 흐르면서 바위 표면을 탄산칼슘 결정체로 뒤덮어 마치 하얀 목화로 만든 성을 연상시키기 때문에 붙은 이름이다. 온천수는 물길과 햇빛의 방향에 따라 시시각각 온갖 자연의 색감으로 출렁인다.

기원전 180년경 페르가몬 왕국의 유메네스 2세가 세운 고대 도시 히에라폴리스는 급진적인 발전을 이루었다. 하지만 기원전 133년 페르가몬의 마지막 왕 아탈루스 3세가 로마제국에 왕국을 내주면서, 히에라폴리스는 로마의 도시로 다시 태어났다. 그때부터 로마인은 이곳을 '성스러운 도시'라는 뜻의 히에라폴리스라고 불렀다. 이후 히에라폴리스는 십자군과 셀주크의 공격도 거뜬히 버텨냈지만 1334년 대지진으로 완전히 폐허가 되어버렸다. 오늘날의 모습을 되찾은 것은 1957년 이래 히에라폴리스에 일생을 바친 이탈리아 고고학자 파올로 베르조네 덕분이다.

파묵칼레 언덕에 세워진 고대 도시, 히에라폴리스 | 로마인은 이곳을 '성스러운 도시'라는 뜻의 히에라폴리스
라고 불렀다.

기묘한 옥외 석회암 온천장, 파묵칼레

데니즐리 버스 터미널에서 파묵칼레까지는 20분 거리다. 쭉 뻗은 플라타너스 가로수 길을 달리다 보면 멀리서 하얀 성채가 제일 먼저 반겨준다. 마치 눈이 내린 것 같은 순백의 언덕, 파묵칼레다. 언덕 위에 도착하니 한 번도 보지 못한 독특한 푸른색 온천이 저마다의 방에 갇혀 손님들을 기다리고 있다.

파묵칼레 언덕의 온천 맞은편에는 길 하나를 사이에 두고 아치형 건물이 서 있다. 히에라폴리스 온천 지대의 특성을 제대로 활용한 목욕탕이다. 열탕, 온탕, 냉탕, 탈의실을 모두 갖춘 전형적인 로마식 목욕탕이다. 아직까지 보존되어 있는 운동을 위한 부속 건물과 황제가 연회를 개최하던 대형 홀을 보노라면 당시의 풍요로웠던 생활을 엿볼 수 있다. 로마의 풍요와 황제의 사치스러운 생활 방식을 여기서도 볼 수 있다니, 제국의 거대함과 위엄을 다시 한번 생각하게 된다. 이곳은 1984년부터 히에라폴리스의 모든 유물을 한자리에 모아놓은 박물관으로 쓰이고 있다.

이곳의 온천수는 밖으로 흘러 파묵칼레의 기묘한 옥외 석회암 온천장을 형성했다. 섭씨 35도 정도의 온천수는 피부병에 좋기로 유명하다. 또한 못난 처녀가 아름다운 공주가 되었다는 등의 여러 가지 토착 전설의 근원지이기도 해서, 아름다움을 추구하는 젊은 여성들의 필수 순례 코스이기도 하다. 과거에는 결혼을 앞둔 여성이 자신을 정화하고 새로운 남자를 맞이하기 위한 준비 과정으로 파묵칼레의 온천수에 몸을 담그는 풍습이 있었다. 신성한 온천수 목욕을 통해 과거와 결별하고 과오를 정화했다면, 결혼 뒤에 남편이 아내의 과거를 문제 삼을 수 없었다. 이렇듯 파묵칼레의 온천은 혼전 관계를 가장 무거운 죄로 다루는 터키의 지역적

목화의 성, 파묵칼레의 석양

히에라폴리스 원형극장 ｜ 1만 5,000명을 수용할 수 있는 규모며, 중앙 무대 주변에는 대리석을 정교하고 아름답게 깎은 아폴로 조각이 장식되어 있다.

관습까지 뛰어넘는 관용과 묵계의 문화적 상징이기도 했다. 현재는 유네스코 세계문화유산 보존 정책에 따라 옥외 온천수에서의 목욕이 금지되어 온천수에 발을 담그거나 거니는 것으로 만족해야 한다.

성스러운 도시, 히에라폴리스 유적지

보존 상태가 좋은 도시 유적으로는 단연 원형극장을 꼽을 수 있다. 2세기에 지어져 3세기에 오늘날의 모습으로 개축되었다. 2단으로 지은 관중석은 약 1만 5,000명을 수용할 수 있었다고 한다. 특히 중앙 무대 주변에는 히에라폴리스의 수호신 아폴로를 주제로 한 정교하고 아름다운 대리석 조각이 장식되어 있다.

도시계획에 따라 바둑판 모양으로 정교하게 건설된 신전들은 히에라폴리스의 상징이다. '신전 전시관'이라 불릴 정도로 히에라폴리스에는 많은 신전이 있다. 특히 석각 공예가 발달한 곳이어서 대리석 신전과 기둥의 섬세한 돌조각을 쉽게 찾아볼 수 있다.

히에라폴리스의 전성기는 비잔틴 시대까지 계속되었는데 기독교의 중심지가 되면서 새로운 위상을 찾았다. 기독교의 대교구가 이곳에 자리 잡았고 초대 7대 교회의 하나가 인근의 라오디케아에 세워졌다. 예수의 열두 제자 중 사도 빌립이 순교한 곳도 히에라폴리스다. 원형극장에서 북쪽으로 난 길을 따라가면 순교 기념관도 있다. 하지만 히에라폴리스는 11세기 이후 셀주크제국과 오스만제국으로 이어지는 이슬람 세력의 지배 아래 놓이면서 찬연했던 과거의 영광도 함께 묻히고 말았다.

순교 기념관을 지나 히에라폴리스의 북쪽 끝을 향해 가면 거대한

히에라폴리스의 상징, 신전 전시관 | 남아 있는 신전과 기둥의 섬세한 조각에서 히에라폴리스의 뛰어난 석각
공예를 확인할 수 있다.

묘지 구역인 네크로폴리스가 나타난다. 소아시아 반도에서 가장 규모가 큰 묘지인데, 한눈에 들어오는 것만 해도 줄잡아 수천 기는 된다. 우선 눈길을 끄는 것은 석관형, 가옥형, 봉분형 등 무덤의 다양한 양식과 크기다. 신분이나 빈부의 차이에 따라 그 규모와 장식이 다르고, 여러 시대의 무덤이 섞여 있기에 혼란스러운 조화가 오히려 흥미롭게 다가온다.

네크로폴리스 | 히에라폴리스의 거대한 묘지 구역으로 다양한 양식의 무덤 수천 기가 세월을 이기고 놓여 있다.

히에라폴리스에서 멀지 않는 곳에는 온천수의 수원으로 알려진 굴 하나가 있다. 일명 '악마의 굴'이다. 고대 그리스 로마인들은 아폴로는 물론 지진을 관장하는 포세이돈과 지하 세계를 다스리는 플루토 신이 히에라폴리스에 살았다고 믿었다. 그중 플루토가 산다고 믿었던 곳은 화산 활동으로 유독가스가 끊임없이 새어나왔던 굴속이었다. 신탁을 받기 위해 수많은 사제들이 어리석게도 이곳에 얼굴을 들이밀었고, 들어가면 결코 나오지 못했다. 이슬람이 이 땅을 지배하면서부터 신비주의 수도사들이 자신의 영력을 시험하는 일종의 종교적 수련장이 되기도 했다.

이제 히에라폴리스의 주인은 이슬람교를 믿는 터키인들이다. 이곳의 전통과 문화도 바뀌었다. 그중 재미있는 풍습 하나가 있는데, 히에라

지붕 위의 빈 병 | 데니즐리 시에 있는 집의 지붕 위에 꽂힌 빈 병들은 '우리 집에 시집 보낼 처녀가 있다'는 일종의 구혼 표식이다. 청년이 돌을 던져 병을 깨뜨리면 청혼한 것으로 여긴다.

폴리스를 에워싸고 있는 데니즐리 시에 가보면 집집의 지붕마다 군데군데 빈병들이 꽂혀 있는 것을 볼 수 있다. 바로 '우리 집에 시집보낼 처녀가 있다'는 일종의 구혼 표식이다. 그 집 처녀에게 호감을 가진 청년이 돌을 던져 병을 깨뜨리면 청혼한 것으로 여긴다. 병이 세 개나 꽂혀 있는 집은 결혼하지 않은 딸이 셋이란 뜻이다. 혹시 셋째 딸에게 관심이 있는데 잘못 던져 첫 번째 병을 깨뜨리면 어쩌나 하는 괜한 걱정도 든다. 연애결혼이 허용되지 않던 엄격한 이슬람 사회에서 부모가 정해준 배필이 아니라 당사자가 사랑하는 사람을 고를 수 있었다는 것은 당시로서는 파격적인 일이었을 것이다. 과년한 아가씨는 자신의 병을 깨뜨려달라는 은밀한 전갈을 사랑하는 청년에게 보내려고 얼마나 속을 태웠을까. 사랑에 빠진 청년은 그 작은 병을 깨뜨리기 위해 또 얼마나 숱하게 돌팔매질을 했을까. 이런 풍습이 오늘날까지 이어지고 있다는 사실에 마음이 애잔해진다.

13

구석기 시대부터 오스만제국까지,
아나톨리아 문명의 발자취

안탈리아
고고학 박물관

터키 남부의 지중해 도시 안탈리아 | 해변을 지나다가 곳곳에서 만나는 로마 유적지, 뜨거운 햇빛을 피해 바닷속으로 몸을 숨긴 수중 도시 케코바…… 낭만과 휴식부터 유적 순례까지, 단순한 휴양지를 넘어선 폭넓은 관광을 즐길 수 있어 많은 여행객들이 이스탄불을 거치지 않고 직행으로 이곳을 찾고 있다.

터키 남부의 지중해 도시 안탈리아에는 끊임없이 비행기가 뜨고 내린다. 대개는 세계의 주요 도시에서 직행으로 안탈리아를 찾아오는 관광객들을 태운 비행기들이다. 연중 300일 동안 해수욕을 즐길 수 있는 천혜의 기후와 어느 곳이든 파라솔만 세우면 멋진 수영장으로 변하는 모래해변, 고개를 한껏 젖혀야 겨우 정상이 보이는 가파른 협곡과 웅대한 토로스 산맥, 그리고 그 사이로 뿜어져 나오는 폭포의 빼어난 경치. 하지만 여행객들이 이스탄불을 거치지 않고 직행으로 이곳을 찾는 이유가 바다의 매력 때문만은 아니다. 안탈리아는 단순한 지중해 휴양지가 아니다. 해변을 지나다가 곳곳에서 만나는 로마 유적지, 뜨거운 햇빛을 피해 바닷속으로 몸을 숨긴 수중 도시 케코바 등 이곳에서는 낭만과 휴식부터 유적 순례까지 폭넓은 관광을 즐길 수 있다.

시내와 맞닿아 있는 초승달 모양의 해변은 고급 호텔과 펜션, 콘도 등으로 빼곡히 채워져 있지만 안탈리아의 진면목을 느끼려면 구도시 칼레이치에 있는 유일한 호텔 '튜탑Tutab'에 머무는 것이 좋다. 튜탑은 오스만 시대 고관의 저택을 호텔로 꾸민 것인데, 바로크풍 호텔 내부에서 느껴지는 고전적인 운치와 소박한 옥상 레스토랑의 풍광은 말로 표현할 수

248

없을 정도로 근사하다. 눈앞에는 안탈리아 성이 있고, 그 아래로 정박해 있는 요트와 고기잡이배 들이 보인다. 멀리에는 생선 요리 전문 레스토랑과 카페도 있다.

호텔 주변으로는 칼레이치의 미로 같은 옛길이 끝없이 여기저기로 이어져 있다. 그 좁은 골목에 다닥다닥 붙어 있는 가게들이 이곳을 세상에서 가장 아기자기하고 볼거리 풍성한 시장통으로 만들어놓았다. 작은 도자기, 가죽 장신구, 터키옥이 박힌 녹슨 은 팔찌, 대롱으로 불어 방금 만든 예쁜 호리병, 기막힌 붉은 빛깔의 안탈리아 양모 수직 카펫……. 하나같이 아름다운 물건들이라 무엇을 사도 후회할 것 같지 않다. 오리엔트의 색감과 정서가 묻어나는 모든 것이 이 미로 속에 있다.

오직 안탈리아에서 볼 수 있는 것들

유학 시절, 나는 책에서 우연히 본 해변으로 떠나자고 친구들을 졸랐다. 터키에서 가본 첫 해수욕이었다. 친구들은 사람들이 많을 거라고 모두 반대했지만 기어코 우겨서 함께 갔다. 해변에 가보니, 2킬로미터가 넘는 드넓은 모래사장에 200명 정도의 사람들이 한가로이 수영을 하거나 일광욕을 하고 있었다. 잘 왔다고 생각했던 나와 달리 친구들은 붐빌 거라고 하지 않았냐며 화를 냈다. 이 정도의 해변에 피서철마다 100만 명이 몰려드는 나라에서 온 나로서는 그들의 불만에 어리둥절할 뿐이었다. 몇 년이 지나서야 해수욕을 즐길 수 있는 해변만 2,000킬로미터가 넘는 터키에서 내가 너무 고집을 부렸다는 것을 깨달았다.

안탈리아에서 해안선을 따라 피니케까지 100킬로미터 가까이 되는 2차선 도로는 잠시도 한눈을 팔 수 없을 정도로 경사가 급하다. 도로 아래로는 바위 계곡과 해변이 번갈아 나타나는데, 한 구비를 돌아 나갈 때마다 좁은 계곡 사이에 어김없이 20~30미터 길이의 자그마한 해변이 하얀 모래를 깔고 숨어 있다. 그곳에 파라솔을 세우고 해변 전체를 차지한 연인과 가족 들이 보인다. 지중해 해변을 개인 전용 해수욕장처럼 즐길 수 있는 도시가 이곳 안탈리아다.

피니케 해변 풍경 │ 호텔에서 내놓은 의자에 누워 바다와 햇볕을 느긋하게 즐기다보면 어느새 해가 진다.

또한 안탈리아에서 버스로 케코바까지 간 뒤 배를 타고 나가면 수중 도시를 볼 수 있다. 로마 시대 이전부터 사람들이 살았다는 도시 하나가 물속에 가라앉아 있었다. 맑고 투명한 지중해 햇살 덕분에 바닥까지 훤히 들여다보였다. 집 안이며 목욕탕 자리, 공회장으로 쓰였을 듯한 제법 큰 공간에 이르기까지, 수중 탐사를 하지 않고 물 위에 앉아 바닷속 도시를 감상한다. 이런 풍광은 오직 케코바에서만 볼 수 있다. 물속에 잠긴 도시를 보고 있으면 삶과 죽음의 경계를 보는 듯 묘한 기분이 든다.

고대 도시 리키아의 수도, 미라

피니케를 지나 서쪽으로 25킬로미터쯤 가면 뎀레가 나타난다. 고대에는 '미라'라고 불리던 곳이다. 60년경 사도 바울이 〈누가복음〉, 〈사도행전〉의 저자로 알려진 루가와 함께 이곳에서 배를 갈아타고 로마로 전도 여행을 떠났다는 기록을 보면, 로마 시대만 해도 미라가 해안 도시였음을 알 수 있다. 지금은 내륙으로 3킬로미터 정도 들어가 있다.

멀리서 보면 깎아지른 바위 언덕 위에 마치 거대한 벌집 같은 것이 보이는데 다름 아닌 암굴이다. 단순한 구멍이 아니라, 기둥을 깎아 아치와 창살을 세우고 신전 모양으로 입구를 조각해놓았다. 그 모양이 특별해서 물어보니, 기원전 2세기 리키아가 로마제국의 속주였던 때 만들어진 독특한 암굴 무덤이라 한다. 무덤에는 비문이 새겨져 있고, 주인공의 생애를 부조로 남겨놓았다.

미라 암굴 유적지에서 내려오면 로마 시대 유적지가 있다. 로마가

리키아를 침략한 테오도시우스 2세 때 미라는 리키아의 수도로 다시 번성했다고 한다. 아크로폴리스 언덕으로 올라가니, 세월이 믿기지 않을 만큼 완벽하게 보존된 원형극장이 나타난다. 무대는 많이 훼손되었지만, 무대 주변에 화려한 띠 모양의 장식이 둘려 있고, 메두사의 두상 조각도 선명하게 남아 있다.

산타클로스의 실제 주인공, 성 니콜라우스

미라의 암굴 무덤군을 따라 동쪽으로 가다 보면, 오래된 성당 하나를 만날 수 있다. 산타클로스의 실제 주인공인 성 니콜라스 주교가 봉직했던 성 니콜라스 성당이다. 성 니콜라스는 4세기 초에 인근 마을 파타라에서 태어나 미라 지방의 주교로 임명되었다. 그는 부유한 곡물 상인이었던 아버지에게 물려받은 모든 재산을 가난한 사람들을 위해 썼다. 그가 얼마나 많은 선행을 베풀었는지, 시민들이 그를 "신이 준 선물"이라고 부를 정도였다고 한다. 그러던 어느 날, 니콜라스 주교는 그의 교구에 사는 가난한 세 자매가 동네 불량배에게 몹쓸 짓을 당해 절망에 빠졌다는 소식을 듣는다. 그는 곧바로 세 자매를 찾아가 기도와 영적 치유를 통해 다시 살아갈 힘을 불어넣어주었다. 나중에는 세 자매의 결혼 지참금까지 몰래 마련해주어 새 삶을 살 수 있게 도와주었다. 이외에도 그의 수많은 선행이 조금씩 알려졌고, 언제부터인가 그가 세상을 떠난 12월 6일 전날 밤에 몰래 선물을 하는 풍습이 생겨났다. 이것이 산타클로스라는 존재의 유래가 되었다고 한다.

물론 나라마다 남몰래 선물을 주는 풍습과 신들은 존재했다. 게르만족이 기독교화되면서 선물을 나눠 주는 오딘 신이 산타클로스로 변모했다는 것도 지배적인 설 중 하나다. 오딘이 타고 다녔다는 다리가 여덟 개 달린 말은 순록으로, 주교의 법복은 오딘이 입고 다니는 사냥복과 장화로 변모했다. 나무에 양말을 매달아두면 어른들이 선물을 넣어주었던 크리스마스트리의 전통도 게르만족의 풍습이 반영된 것으로 보인다. 이런 풍습이 네덜란드 이주민들에 의해 미국으로 전해졌다고 보는 견해가 다수다. 그러나 깃이 하얀 빨간 외투, 길게 기른 하얀 수염, 그리고 뚱뚱한 체형, 지금 우리가 알고 있는 산타클로스의 모습은 1930년대 코카콜라 광고에서 탄생한 것이고 점차 산타 복장으로 인식되어 왔다. 하지만 역사를 거슬러 올라가보면, 산타는 버림받고 가난한 사람들에게 사랑과 영적 치유를 베풀던 깡마른 주교의 선행에서 태어난 것이다.

성 니콜라스 주교의 동상 | 그가 봉직했던 성 니콜라스 성당 앞뜰에 서 있다. 버림받고 가난한 사람들에게 사랑을 베푼 깡마른 주교가 죽은 12월 6일이면 지금도 성대한 축제가 열린다.

성 니콜라스 주교는 로마 황제가 기독교를 박해할 때 투옥되었지만 주민들의 탄원으로 큰 고초를 겪지 않았다. 그가 세상을 떠난 4세기경 성 니콜라스 성당이 세워졌고 6세기에 대지진으로 파괴되었다가 후대에 복원되었다. 지금도 색 바랜 모자이크와 프레스코 벽화들이 여전히 남아 있다. 하지만 주교의 시신은 이곳에 있지 않은데, 1087년 이곳을 침략한 십자군이 성 니콜라스 주교의 석관을 부수고 유골을 강탈해 이탈리아 로마의 성당에 안장했다. 그때 가져가지 못하고 남은 유골은 안탈리아 박물관에 전시되어 있다. 대신 아직도 성 니콜라스 성당 안쪽에는 성 니콜라스 주교의 무덤이 있고, 앞뜰에는 산타클로스 할아버지가 된 성 니콜라스의 동상이 서 있다. 지금도 해마다 그가 죽은 날인 12월 6일이면 성대한 축제가 열린다. 이제 성 니콜라스 성당은 부모의 손을 잡고 찾아오는 전 세계 어린이들의 순례지로 자리매김하고 있다.

세계에서 가장 잘 보존된 원형극장, 아스펜도스 극장

안탈리아의 아스펜도스는 기원전 5세기에 최초로 은화를 주조한 도시이자 무역 중심지로서 포도주, 양털, 소금, 올리브기름 등의 교역으로 크게 번성했다. 로마 시대에 이르러서는 마르쿠스 아우렐리우스 황제 재위기에 건축한 완벽한 원형극장으로 도시 전체가 명성을 얻기도 했다. 2세기의 뛰어난 건축가 제논의 작품으로 2,000년 가까운 세월을 견뎌낸 세계에서 가장 잘 보존된 원형극장이다.

벽돌로 쌓은 5층짜리 직사각형 건물의 입구인 아치 문을 통해 극장

관람석에서 바라본 아스펜토스 극장 | 로마 시대의 뛰어난 건축가 제논의 작품으로 규모와 아름다움도 놀랍지만 음향은 더욱 놀랍다. 무대 중앙에서 동전을 떨어뜨리거나 작은 소리로 노래를 부르면 관람석 꼭대기에서도 거짓말처럼 또렷하게 들린다.

아스펜토스 극장 │ 2,000년 세월을 견뎌낸 세계에서 가장 잘 보존된 원형극장이다.

안으로 들어서니, 과연 그 위용이 대단하다. 1만 5,000명을 수용할 수 있는 지름 95미터의 반원형 관람석이 있고 주변에는 30미터나 되는 높은 벽이 둘러 있다. 상단의 21계단, 하단의 20계단을 가진 거대한 원형극장의 무대 위에는 연극의 신 디오니소스의 상이 조각되어 있다. 맨 꼭대기 관람석에는 갤러리를 설치해 비를 막고 햇빛을 가릴 수 있게 해놓았다. 기둥과 아치로 이어지는 갤러리가 거대한 반원을 이루며 아스펜도스의 웅장함을 더해준다. 또한 무대 중앙에서 관광객들이 동전을 떨어뜨리거나 기타 반주에 맞춰 부르는 작은 노래 소리도 관람석 꼭대기에서는 거짓말처럼 또렷하게 들려온다. 이는 아스펜도스의 진가를 보여주기에 부족함이 없다.

예나 지금이나 인간의 지혜에는 별 차이가 없다. 그러나 고대의 건축이 절대자를 위해 목숨을 거는 예술 혼, 장인 정신으로 이루어졌다면, 오늘날은 돈의 액수나 경제적 실용성에 좌우되고 있다. 그러니 어떻게 현대적 기준으로 옛날의 건축을 판단할 수 있겠는가.

로마의 동양적 아름다움을 모은 안탈리아 고고학 박물관

100년 전통의 안탈리아 고고학 박물관은 선사 시대부터 오스만제국 시대까지 4000년의 역사 유물을 13개의 전시실에 나눠 소개하고 있다. 전시실에는 안탈리아를 포함한 터키 남부 지중해 일대에서 발굴된 로마 시대 조각품 중 가장 훌륭한 작품이 진열되어 있다. 전부 보려면 적어도 세 시간 이상은 필요하지만 일정이 여유롭지 않다면 그중 '신들의 방', '석관의 방', '황제의 방', 이 세 곳은 잊지 않고 둘러봤으면 한다. 세 전시실은 이웃의 페르게라는 도시 유적에서 발굴된 2세기경 로마 시대 유물이 중심을 이루는데, 조각의 규모라든가 예술성, 미학적 구도 등을 통해 당시 지중해 지역에 번성했던 로마의 동양적인 아름다움을 확인할 수 있다.

　박물관 입구 쪽에는 대리석 석상들을 진열한 두 곳의 전시실이 연이어 나타난다. 그리스 로마 신화를 통해 잘 알려진 신들이나 황제들이 이곳에 거의 총망라되어 있다. 제우스, 아폴로, 바쿠스, 아프로디테, 헤

안탈리아 고고학 박물관 내부 │ 터키 남부 지중해 일대에서 발굴된 로마 시대 조각품 중 가장 훌륭한 작품들이 진열되어 있다. 박물관 입구 쪽에 연이은 두 전시실에는 제우스, 아프로디테, 미네르바, 알렉산드로스 등 유명한 신과 황제들이 거의 총망라되어 있다.

춤추는 여인 석상 │ 머리와 옷은 검은 돌로, 몸은 하얀 대리석으로 된 이 여인은 스포트라이트가 살짝 부담스러운 듯 수줍어 보인다.

라클레스, 아르테미스, 다이아나, 미네르바, 알렉산드로스, 하드리아누스 등이 각각의 표정과 몸짓으로 자신의 무용담을 늘어놓는다. 특히 그중 한 석상이 스포트라이트 아래 나를 부른다. 춤추는 여인 석상으로, 머리와 옷은 검은 돌로, 몸은 하얀 대리석으로 조각해 흑과 백이 묘한 조화를 이루는 작품이다. 감아올린 섬세한 머릿결과 나부끼는 옷 주름, 치맛자락을 여미며 수줍은 표정으로 돌아서는 동작이나 표정이 금방이라도 함께 춤추자고 손 내밀 것 같은 은은한 생동감을 전한다.

석상들의 방을 지나면 이번에는 석관실 두 곳이 나타난다. 셀 수 없을 만큼 많은 석관들이 공간을 가득 메우고 있다. 이스탄불 고고학 박물관에서 보았던 석관실과는 또 다른 분위기다. 어쩌면 타지에서 실려와 대도시 박물관 전시실에 놓여 있는 것이 아니라 발굴된 그 지역을 여전히 지키고 있는 석관이기에 훨씬 더 안정감 있고 당당해 보이는지도 모르겠다. 각 석관에는 예외 없이 산발한 메두사가 경계의 눈으로 사람들을 살핀다. 그리스 로마에서 메두사는 민중의 수호신이었다. 예기치 않은 공격으로부터 망자의 영혼을 지키겠다는 고대인들의 염원이 표현된 것이다. 석관 표면 앞뒤에는 영근 포도 넝쿨이 입체감 있게 조각되어 있다. 내세의 풍요를 기원하는 살아남은 자의 간절함이 스며 있다.

전시된 수많은 석상들 대부분이 페르게의 신전이나 궁전, 거리를 메웠을 것을 상상하면 당시 페르게가 얼마나 번성한 로마 도시였는지를 쉽게 짐작할 수 있다. 이곳에 오기 전까지는 페르게라는 이름조차 들어본 적이 없었는데 말이다. 우리가 알고 있는 세상이 얼마나 좁고 알고 있는 지식이 얼마나 얕으며 지금까지 해온 역사 공부가 얼마나 유럽에 편중된 것이었는지를 터키에 와서 다시 한번 깨닫는다.

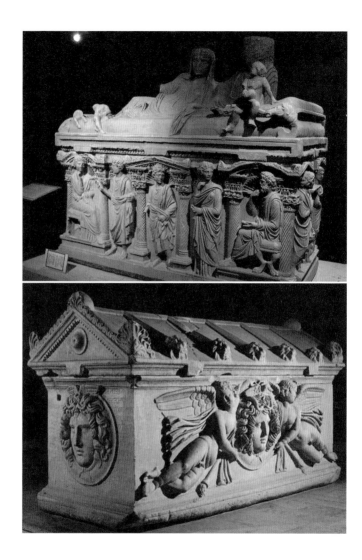

석관실의 석관들 │ 셀 수 없을 만큼 많은 석관들이 공간을 가득 메우고 있다. 석관에는 예외 없이 산발한 메두사가 두 눈을 부릅뜨고 망자의 영혼을 지키고 서 있다.

안탈리아 고고학 박물관을 나오면 크리스털같이 맑고 투명한 지중해 물결이 수백 킬로미터 이어진다. 오렌지주스 한 잔으로 한가로운 시간을 즐긴 뒤 해변으로 걸음을 옮겨본다. 먹다 남은 빵조각을 적셔 낚싯바늘에 꽂고서 바다를 향해 힘차게 던진다. 얼마 지나지 않아 형형색색의 물고기 수십 마리가 한꺼번에 몰려든다. 맑은 바닷물 덕택에 낚싯밥을 물려는 물고기들의 비늘까지 말갛게 들여다보인다. 작고 볼품없는 놈이 달려들면 낚싯대를 흔들어 쫓아버리고 큼직한 놈이 걸릴 때까지 기다린다. 물고기를 직접 눈으로 보면서 원하는 놈만 골라 잡는 낚시는 안탈리아의 푸른 바다이기에 가능한 일이다.

터키인들의 정체성, 축구

월드컵이 막 끝난 2002년 여름, 안탈리아 튜탑 호텔에 며칠 동안 머물 일이 있었다. 일정을 마치고 체크아웃을 하려고 카운터로 갔는데 이미 숙박비가 정산되어 있는 것이 아닌가. 어리둥절해진 나는 누가 계산했는지를 물었고 지배인이 했다는 것을 전해 들었다. 월드컵 때 터키를 성원해준 것이 고마워서 한국인 투숙객들에게는 방값을 받지 않기로 했다는 것이다. 지배인과 만나 차를 마시면서 그의 이야기를 듣게 되었다. 2002년 월드컵 3, 4위전 경기 때 대형 터키국기를 흔들며 열렬히 터키를 응원하는 한국 사람들을 보면서 터키 국민들이 감동의 눈물을 흘렸다고 한다. 자국의 이해관계에 혈안이 된 국제사회에서 터키인을 진정 형제처럼 대해준 한국인에게 감사를 표한 것이라고 했다. 평생 그런 감동의 순간을 언제 다시 맛볼 수 있겠냐며, 그는 자

형제의 나라, 터키 | "한국전쟁에서 3,000여 명의 우리 젊은이들이 목숨을 잃고 다쳤지만 오늘 우리는 7,000만의 한국인을 얻었다." 2002년 월드컵 3, 4위전 경기 때 한국 사람들이 터키를 응원하자 한 터키 일간지가 쓴 헤드라인이다. 이스탄불에서는 한국 자동차를 사자는 캠페인도 벌어졌다.

신의 호의를 받아달라고 오히려 내게 간청했다.

"한국전쟁에서 3,000여 명의 우리 젊은이들이 목숨을 잃고 다쳤지만 오늘 우리는 7,000만의 한국인을 얻었다." 2002년 월드컵 당시 한 터키 신문의 헤드라인이다. 이스탄불에서는 한국 자동차를 사자는 캠페인이 벌어졌고, 월드컵 이후 한국산 섬유의 주문량이 30퍼센트나 급증했다. 또한 터키 지중해에 위치한 한 특급 호텔에서는 한국인을 향한 정중한 감사 편지와 함께 여름휴가 기간 동안 방 20개를 한국인들에게 무료로 제공하겠다고 제안해왔다. 이들이 바로 안탈리아 사람들, 아니 터키 사람들이다. 월드컵의 승패와 상관없이 그렇게 우리는 터키라는 오랜 친구를 다시 만나게 되었다.

"터키 사람들은 1시간 30분 동안 축구 경기를 보고, 5시간 동안 총평을 한다"고 흔히들 말한다. 시합이 있는 날이면 터키 사람들은 시간 가는 줄 모르고 카페에 앉아 선수들의 시시콜콜한 사생활부터 감독의 작전에 이르기까지 논평을 한다. 터키에서는 처음 만나는 사람들끼리 먼저 고향을 묻고 다음으로 지지하는 축구팀을 묻는다. 일상의 대화가 축구로 시작해서 축구로 끝날 만큼, 그들에게 축구는 정체성의 상징이자 삶 그 자체다. 외국인이라고 예외일 수 없다. 나는 유학 기간 동안 내가 살던 동네 베시크타쉬 팀을 지지했다. 터키에서는 프로축구 리그가 열리는 두 주마다 축구 축제가 열린다. 이긴 팀의 지지자들은 자동차 경적을 울리고 팀기를 흔들며 밤새 시내를 질주한다. 같은 팀 지지자들은 아파트 창문을 열고 아래로 사탕을 던져주며 함께 기쁨을 나눈다.

어느 골목에서나 아이들이 축구공을 가지고 노는 모습을 쉽게 볼 수 있는 터키의 축구 인프라는 우리와는 비교가 되지 않는다. 이스탄불을 연고로 하는 세 개의 강력한 프로축구팀 '갈라타사라이', '페네르바흐체', '베시크타쉬'가 있고 각 지방마다 프로축구팀이 따로 있다. 프로축구 100년 역사 동안 세 리그에 소속된 프로축구팀만 해도 220개나 된다. 터키 사람들은 적어도 두 개의 축구팀을 응원했다. 빅3 중 한 팀, 그리고 고향 연고 팀이다. 또한 축구팀 동호인끼리의 결속과 연대가 매우 강해서 지역주의를 뛰어넘을 정도다. 특히 1905년에 설립된 '갈라타사라이'나 1907년에 조직된 '페네르바흐체' 동호인들의 결속력은 유럽에서도 유명하다. 사업도 웬만하면 그들끼리 한다. 지지하는 팀이 다르면 대화 코드가 맞지 않아 정서적인 협력이 되지 않기 때문이다.

결혼하는 데 있어서도 지지하는 축구팀이 고려 조건이 된다. 축구 때문에 벌어지는 재미있는 일화도 종종 있다. 이혼을 하려는 한 부인이 법정에서 불평을 털어놓는다. "저이는 축구에만 온통 정신이 팔려 가족을 내팽개쳤습니다. 도저히 같이 살 수가 없어요. 아마 우리 결혼기념일도 기억하지 못할걸요." 판사가 남편에게 결혼기념일을 기억하느냐고 묻자 남편이 말한다. "기억하다마다요. 페네르와 갈라타의 추계 슈퍼리그 마지막 날, 하칸이 오버헤드킥으로 결승골을 넣었던 바로 그다음 날 결혼했어요!" 판사도 맞장구를 친다. "나도 그날 기억이 생생하군요!"

14

용서와 관용으로 인류를 품은
이슬람의 총본산

메블라나
박물관

사람들이 이스탄불 다음으로 어떤 도시가 좋으냐고 묻는다면 나는 단연 코냐Konya를 꼽는다. 터키의 자존심이자 영성의 중심, 가장 터키다운 도시가 바로 코냐다. 한때 셀주크제국의 수도였던 도시로, 터키인들이 이 땅을 차지하기 전까지는 고대 오리엔트 문명은 물론 그리스 로마와 비잔티움 문명을 꽃피운 역사적인 장소이기도 하다. 또한 비잔틴제국의 수도 콘스탄티노플에서 출발한 실크로드 대상들이 멀리 동방으로 방향을 돌리기 전에 반드시 거쳐야 했던 교역의 중심지이기도 했다. 50년경에 사도 바울이 안탈리아에 도착해 소아시아 지방에서 전도 여행을 할 때 안티오키아를 거쳐 코냐 땅을 밟았던 흔적도 남아 있다. 이렇듯 기독교의 색채가 짙게 깔린 코냐가 역설적으로 현재 터키에서 가장 이슬람 성향이 강한 도시로 손꼽히는 이유는 무엇일까? 그것은 이슬람 신비주의의 하나인 13세기 메블라나 교단의 총본산이었던 도시가 코냐이기 때문이다.

이즈미르에서 터키 내륙을 동서로 가로질러 여덟 시간을 달린 뒤에야 비로소 코냐가 모습을 드러내며 우리를 반겨준다. 끝없이 이어지는 코냐 평원에는 사탕수수밭과 밀밭이 펼쳐져 있고, 그 사이로 이름 모를 들꽃이 각각 제 빛깔을 뽐내며 흐드러지게 피어 있다. 8,000만 터키인들을 모두 먹여 살리고도 남을 정도의 농작물이 이곳에서 생산된다고 하니, 풍성한 식탁과 터키 사람들의 넉넉한 인정이 모두 코냐 평원에서 샘솟는 게 아닐까 싶다.

코냐에서 가장 오래된 모스크

이슬람 신비주의의 본고장답게 코냐 시내의 모습은 다른 터키 도시들과는 확연히 다르다. 터키에서 생산량이 가장 많은 주류 제조업의 중심지인데도, 술집이나 유흥 시설이 거의 눈에 띄지 않는다. 거리를 지나다니는 여성들도 대부분 차도르를 두른 채 두 눈으로만 세상을 더듬고 있었다. 독실한 이슬람교도인 그들은 하루 다섯 번의 예배를 중요한 일과로 여기는 것은 물론 모스크를 삶의 공간으로 받아들인다.

12세기 후반에 건립된, 코냐에서 가장 오래된 알라딘 모스크를 찾아갔다. 알라딘 모스크는 왕궁터가 있던 알라딘 언덕에서 코냐 도심을 내려다보고 있다. 고색창연한 건물 곳곳에서는 역사의 숨결이 묻어나고, 암회색의 원추형 석회암 돔은 투박하면서도 서민적인 분위기를 물씬 풍긴다. 아무런 장식 없이 가지런히 쌓아 올린 돌담에서는 편안하면서도 남다른 정감이 느껴진다.

이른 아침이어서인지 알라딘 모스크 안에는 몇몇 사람만이 조용히 앉아 기도를 드리고 있었다. 내부를 자세히 살펴보니 수백 개의 돌기둥이 천장을 떠받치고 있는데, 어찌 된 일인지 저마다 모양새가 다르다. 심

알라딘 모스크 │ 코냐에서 가장 오래된 모스크로 12세기 후반 건립했다. 아무런 장식 없이 가지런히 쌓아올린 돌담이 마음을 편안하게 해준다.

지어 이슬람교에서 철저히 금하는 뱀 문양의 돌기둥까지 보인다. 사원 관리인의 설명에 따르면, 고대 그리스 로마의 신전이나 궁전뿐 아니라 무너진 교회의 기둥까지 가져다가 모스크를 세웠다고 한다. 자기 것만을 고집하지 않고 필요에 따라 이교도나 다신교도의 신전 기둥들까지도 거리낌 없이 사용한 투르크족의 실용주의가 새삼 놀랍다.

뒤뜰로 나오자, 알라딘 모스크를 지은 알라딘 케이쿠바드 1세를 비롯한 7명의 통치자가 잠들어 있는 무덤이 보인다. 그리고 바로 아래 언덕에는 군데군데 성벽의 흔적이 남아 있고, 그 사이로 자동차의 물결이 넘실거린다. 800여 년의 역사와 현대 도시가 공존하는 모습이 묘한 대조를 이루며 깊은 인상을 남긴다.

모스크를 벗어나 공원을 따라 내려오니, 퇴색한 청색 타일로 꾸며진 큰 돔 하나가 눈에 띄었다. 중세 시대에 이슬람 교리 교육을 담당하던 일종의 신학교인 인제 미나레드 메드레세Ince Minaret Meresessi다. 단출하기 그지없는 모스크와 달리 이곳은 입구를 지키는 문부터 무척 화려하다. 대리석 벽면은 한 치의 여백도 없이 현란한 아라베스크 문양으로 장식되어 있고, 이슬람 세계에서 금지하는 새와 인물 상까지 있다. 헬레니즘의 영향을 받은 중앙아시아의 예술 전통이 여전히 살아 있었던 것이다. 이슬람과 그리스 문화가 화합된 문화 전통이 훗날 오스만제국이 일관되게 지켜나간 문화 다양성의 근간이 된 듯했다. 여기까지 생각이 미치자, 마음 깊은 데서 우러나는 감동으로 한동안 자리를 뜰 수 없었다.

중세 이슬람 교리를 담당한 인제 미나레트 메드레세 │ 입구의 대리석 벽면은 한 치의 여백도 없는 문양 장식으로 화려하다. 이슬람의 아라베스크 문양과 함께 이슬람이 금지하는 새와 인물상까지 보인다. 헬레니즘의 영향을 받은 중앙아시아의 전통이 오스만제국 집권 이후에도 지켜진 것이다.

셀주크제국의 수도, 코냐

한때 터키 땅에서는 히타이트와 프리기아, 리디아, 페르시아제국 같은 고대 오리엔트 문명의 토양 위에 그리스 로마 문화가 화려한 꽃을 피웠다. 그런데 이슬람 문화를 향유하는 투르크족이 이곳에 터전을 잡으면서 터키는 두 문화가 조화를 이룬 독특한 색채를 지닌 새로운 나라가 되었다. 그러나 투르크족이 1만 년 역사의 아나톨리아 반도에 뿌리를 내린 기간은 고작 1,000년 정도다. 10세기 말, 셀주크튀르크족은 중앙아시아에서 조금씩 서쪽으로 이동하기 시작해, 비잔틴제국이 지배하고 있던 아나톨리아를 넘보기 시작했다. 1071년 두 제국은 서로 맞붙었고, 만지케르트 전투에서 셀주크튀르크족이 승리한다. 이로 인해 비잔틴제국의 황제 로마누스 4세가 포로로 잡혔고, 비잔틴제국은 아시아 영토 대부분을 셀주크 왕조에게 넘겨주고 콘스탄티노플로 물러나야 했다.

1076년, 술탄 술레이만 샤는 코냐를 셀주크제국의 수도로 정한다. 이후 잠시 이즈니크로 수도를 옮긴 적도 있지만 1308년까지 코냐는 터키의 정치·상업 중심지로 크게 이름을 떨쳤다. 그래서인지 코냐를 중심으로 주요 도시로 향하는 길목에 30~40킬로미터마다 대상 숙소인 케르반사라이가 세워졌는데 그 흔적들은 지금도 남아 있다. 멀리 중국에서 출발한 대상들이 실크로드를 거쳐 이 길을 따라 진귀한 물품들을 실어 날랐고, 콘스탄티노플과 동아프리카의 교역품은 역시 이 길을 따라 동방으로 전해졌다.

12세기에 지어진 케르반사라이를 둘러보면, 원추형 지붕과 투박한 벽면 등 셀주크 시대 이슬람 건축물의 특징이 잘 살아 있다. 정교한 석각 예술로 꾸민 대문 안에는 지금 보아도 절로 감탄사가 나올 만큼 완벽한 시설들이 갖춰져 있었다고 한다. 침실과 목욕탕은 물론이고 식당과 찻집, 가게와 시장, 세탁소와 휴게실, 마구간과 수리실, 그리고 예배실까지 두었다고 하니, 대상의 권위나 그들에 대한 대우가 얼마나 대단했는지 짐작이 가고도 남는다.

잘랄 앗딘 루미가 잠들어 있는 곳, 메블라나 박물관

이제 코냐의 하이라이트이자 인류의 큰 스승, '메블라나'라는 이름으로도 잘 알려진 잘랄 앗딘 루미를 찾아갈 차례다. 이슬람교가 차츰 세계로 퍼져나갈 때도, 아랍인이 아닌 일반 무슬림들에게 아랍어로 쓰인 코란은 너무도 어려운 경전이 되고 말았다. 그래서 이슬람 학자들은 명상과 노래, 수도 생활 등을 통해 신과 만나는 다양한 방식을 창안하였다. 이것이 바로 '이슬람 신비주의'란 의미의 '타사우프Tasawwuf', 영어로는 '수피즘Sufism'이다. 그중 잘랄 앗딘 루미가 창시한 메블라나 교단은 '세마Sema'라는 회전 춤으로 신과 하나가 되는 독특한 타사우프 의식을 체계화했다. 나아가 관용과 공존, 용서를 종단의 중심 사상으로 삼았다. 근엄한 알라가 아니라, 경전을 통해서만 만날 수 있는 범접하기 어려운 절대자가 아니라, 우리 마음과 삶 가까이 있는 새로운 창조주를 선물한 것이다. 이것은 이슬람 역사에 혁명적 변화를 가져다준 일대 사건이었다. 메블라나 종단은 터키는 물론 중앙아시아 지역으로 급속히 퍼져나갔고, 차츰 잘랄 앗딘 루미를 지칭하는 대명사가 될 정도로 대중화되었다.

메블라나 박물관 ｜ 1274년 잘랄 앗딘 루미 무덤을 만들고 나서 1396년 푸른색 타일로 기념탑을 세웠다.

남에게 친절하고 도움 주기를 흐르는 물처럼 하라

연민과 사랑을 태양처럼 하라

남의 허물을 덮는 것을 밤처럼 하라

분노와 원망을 죽음처럼 하라

자신을 낮추고 겸허하기를 땅처럼 하라

너그러움과 용서를 바다처럼 하라

있는 대로 보고, 보는 대로 행하라

철학자이자 시인이었던 잘랄 앗딘 루미는 위의 일곱 가지 교훈을 인류에게 남겼다. 그의 사상과 낮은 곳을 향한 사랑은 유럽의 지성 세계까지 뻗쳐 16세기 르네상스 인문주의자 데시데리우스, 종교개혁가 마르틴 루터, 17세기 화가 렘브란트, 18세기 작곡가 베토벤, 19세기 대문호 괴테 등에게까지 직간접적으로 영향을 끼쳤다고 한다.

잘랄 앗딘 루미를 모신 묘당이 바로 메블라나 박물관이다. 터키인에게는 단순한 박물관이 아닌 성지순례의 성소이기도 하다. 원래 셀주크 왕궁의 장미 정원이었던 이곳은 술탄이 메블라나의 부친에게 하사했다고 기록되어 있다. 잘랄 앗딘 루미의 사후인 1274년에 이 자리에 무덤이 만들어졌고, 1396년에 푸른색 타일로 만든 기념탑이 세워졌다. 잘랄 앗딘 루미의 무덤을 포함한 현재의 박물관은 1927년에 문을 열었다.

"야! 메블라나"라고 초서체로 흘려쓴 커다란 현판 아래 박물관 입구에서는 신발을 담는 용도의 비닐봉지를 나눠 준다. 성소답게 박물관인데도 입구에서 신발을 벗어야 한다. 터키 전역에서 몰려든 순례객들로 항상 박물관 정원이 붐빈다. 히잡을 두른 사람들의 행렬에 밀려 안으로 들어갔다. 맨 먼저 화려하게 치장된 잘랄 앗딘 루미의 석관이 눈길을 끈다. 석관을 중심으로 그의 유품, 메블라나 종단의 성격을 말해주는 의례 방식, 수도 생활, 종교 용품, 코란 필사본 등이 전시되어 있다. 메블라나의 묘비 앞에서 하늘을 향해 두 손을 벌리고 간절히 기도하는 터키 여인들은 우리네 어머니들의 모습 그대로다. 자식의 안전과 취직, 가족의 건강과 행복이 알라의 보호와 품속에서 지켜지기를 기원하는 마음이 이방인인 내게도 전해져온다.

자신을 잊고 신과 하나되는 순간, 세마

이곳까지 와서 세마를 보지 않고 그냥 갈 수는 없는 일. 메블라나 박물관을 나와 시민회관으로 향한다. 이곳에선 주말마다 세마 공연이 펼쳐진다. 자리에 앉아 기다리고 있으니, 긴 갈색 고깔모자와 하얀 치마 위에 검은 망토를 걸친 수도사들이 등장한다. 그들은 서로 팔짱을 끼고 허리를 숙여 몇 차례 인사를 나눈 뒤 망토를 벗어던지고 춤을 추기 시작했다. 두 손을 뻗어 오른손은 하늘을, 왼손은 땅을 향하게 하고 23.5도로 기운 지구 자전축만큼 고개를 기울인다. 혼자 돌기도 하고, 지구의 공전을 상징하듯 함께 돌기도 한다. 나와 이야기를 나누던 무스타파라는 이름의 수도사는 세마를 추는 순간에는 자신을 잊고 신과 하나가 되는 것을 느낀다고 했다. 군무를 추며 두 시간을 내리 돌던 수도사들이 어느 순간 빨라진 음악에 맞춰 각자 돌기 시작했다. 한 치의 흐트러짐도 없이 계속되는 그들의 동작에서 평온한 무아의 경지가 느껴졌다. 아마도 세마를 추면서 마음 깊이 신을 품는 순간이

세마를 공연하는 수도사들 │ 오른손은 하늘을, 왼손은 땅을 향하게 하고 23.5도로 기운 지구 자전축만큼 고개를 기울이고 두 시간 내리 도는 동안 한 치의 흐트러짐도 없다. 평온과 무아의 경지가 느껴진다.

있었을 것이다. 그리고 그것은 곧 자신을 비우는 과정일 것이다.

　　시민회관 밖으로 나오자, 저녁때가 되었는지 인근 시장으로 사람들
이 몰려들면서 모스크 주변에도 활기가 돌았다. 시장 한구석에서 풍겨오
는 양고기 굽는 냄새가 코를 찌른다. 8개월 미만의 어린 양고기를 양파나
고유한 향료에 하루 정도 재운 다음 불에 달군 진흙 속에 넣고 열 시간 이
상 푹 쪄낸 양고기 통구이다. 코냐의 명물인 프른케밥을 만드는 모양이
다. 코냐의 프른케밥은 조리법이 독특하면서도 맛이 좋아서 일부러 멀리
서 찾아오는 손님도 많다고 한다. 기름기가 쪽 빠져 담백한 프른케밥은
어떤 고기 요리에도 비할 수 없는 맛이다. 프른케밥 한 접시를 비우고 나
니 허기가 가시면서 발품 팔아 눈에 담아둔 터키의 역사가 온몸을 채우는
듯하다.

15

자연의 경이와 인간의 신념이
어우러진 걸작

괴레메
야외 박물관

터키 수도 앙카라에서 남동쪽으로 네 시간을 달리면 엎어놓은 깔때기 같은 기암괴석 수백만 개가 계곡을 따라 끝없이 펼쳐진 풍광을 마주하게 된다. 신의 존재를 믿지 않는 사람들도 한 번쯤 절대자의 존재를 깨닫게 하는 위대한 자연의 조화 앞에 벌어진 입을 다물 수가 없다. 여기가 바로 마르코 폴로가 《동방견문록》에서 극찬했던 옛 암굴 도시 카파도키아다. 이곳에는 약 300만 년 전 4,000미터의 엘지에스 화산과 하산 화산이 폭발하면서 인근 수백 킬로미터에 거대한 용암층이 형성되었다. 그 용암층이 수백만 년 동안의 풍화와 침식을 거쳐 오늘날의 신비로운 모습을 갖게 된 것이다. 물과 바람이 빚어낸 도토리 모양, 버섯 모양, 동물 모양 등의 바위산이 보는 방향과 햇살에 따라, 때로는 기분에 따라 끝없는 조합을 만들어낸다. 가히 신의 작품이라 할 만하다.

이슬람 땅에서 기독교 신앙을 품은 이들을 위한 암굴 교회

4세기 후반, 카파도키아에서는 기독교가 활짝 피어났다. 비잔틴 시대의 기독교 신앙을

마르코 폴로가 《동방견문록》에서 극찬한 카파도키아 ｜ 300만 년 전, 화산이 폭팔하면서 인근 수백 킬로미터에 형성된 거대한 용암층이 수백만 년 동안 풍화와 침식을 거쳤다. 바위산은 도토리 모양, 버섯 모양, 동물 모양 등 보는 방향과 햇살, 밤낮에 따라 끝없는 조합을 만든다.

카파도키아의 야경

품은 그들은 먹고 마시는 물질적인 삶에 만족하지 않았다. 암굴을 파서 교회를 짓고, 암굴 벽과 천장에 프레스코화를 그려 그들의 신앙을 마음껏 표현했다. 카파도키아의 중심지 괴레메에는 비잔틴 시대 수도원으로 사용한 암굴 교회의 유적이 많이 남아 있다. 콘스탄티노플 같은 대도시를 떠나온 수도승들이 인적 드문 이곳에 1년 365일을 상징하는 365개의 암굴 교회를 건설했다고 전해진다. 계곡을 거슬러 상류로 올라가면 깎아지른 계곡 사이로 수십 채의 교회가 모습을 드러낸다. 그중 약 30여 곳의 교회가 박물관으로 지정되어 일반인들을 맞고 있다. 바깥에서는 짐작조차 할 수 없지만, 암굴 교회 내부는 프레스코 벽화로 화려하게 장식되어 있고 생활 편의시설도 부족하게나마 갖춰져 있다.

교회와 집들이 밀집해 있는 거대한 옥외 박물관에 들어서면, 처음으로 마주하게 되는 암굴 건물이 엘말르 교회다. 1050년경에 지은 일명 '사과교회'로, 암굴 내에 그려진 사과 모양의 둥근 물체를 쥐고 있는 성화에서 그 이름이 유래한 듯하다. 10명이 들어가면 꽉 찰 정도로 작은 엘말르 교회는 중앙의 네 개 기둥이 중심이 된 십자가 모양으로, 전형적인 비잔틴 건축 양식을 따랐다. 벽에는 예수 그리스도의 일대기와 대천사들, 성인들의 모습이 그려져 있다. 국민의 99퍼센트가 이슬람교도인 땅에서, 그것도 그들의 신이 만들어놓은 천혜의 암굴 속에서, 또 다른 신을 기리는 교회와 성화를 만난다는 것이 믿기지 않는다. 투박하지만 소중한 성화 앞에서 손을 모아 예를 표한다. 인간의 미약함을 깨닫고 절대자에게 의지하겠다는 인간 본연의 숭고한 머리 숙임 앞에 종교의 다름이 무슨 의미가 있겠는가. 차도르를 곱게 쓴, 시리아에서 왔다는 아랍 소녀가 교회 앞에서 기도한다. 예수도 그들의 존경하는 선지자이자 본받고

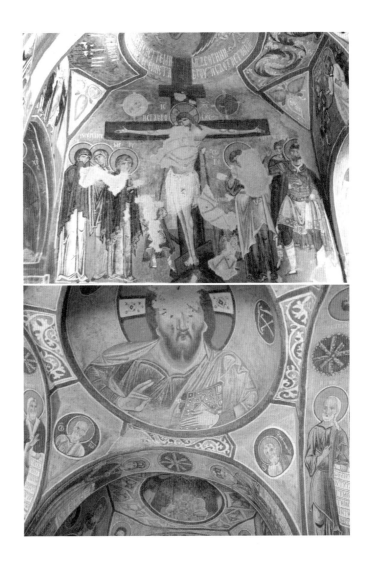

1050년경 지은 엘말르 교회 내부의 프레스코화 | 국민의 99퍼센트가 이슬람교도인 땅에서 예수와 대천사, 성인들을 기리는 교회와 성화를 만난다는 것이 믿기지 않는다.

싶은 최상의 모델이라고 웃으며 말한다.

성 바르바라 교회 역시 프레스코화로 장식되어 있다. 그런데 다른 교회와 달리 당시 오리엔트의 전통대로 바탕색 없이 황토로 바위에 직접 그렸다. 여러 가지 상징적인 무늬가 그려져 있고, 특히 십자가와 포도송이, 물고기, 새의 무늬가 독특한 예술적 가치를 느끼게 한다. 무엇보다도 12세기경에 그려진 〈최후의 만찬〉이 단연 돋보인다. 벽면을 가득 채운 화려한 프레스코 성화를 보고 있으면 왠지 모를 숙연함이 느껴진다.

바로 옆의 '뱀교회'로 알려진 이을란 교회 중앙 정면의 머리 부분에는 그리스도의 모습과 교회 기부자들의 모습이 그려져 있다. 오른쪽 천장에는 성 바실리우스, 성 토마스, 나체상의 성 모노프리오가 나란히 그려져 있고, 왼쪽 천장에는 십자가를 쥔 콘스탄티누스 대제와 그의 어머니 헬레나, 뱀과 싸우는 성 테오도루스와 성 게오르기우스의 모습이 있다. 바깥쪽 끝에 있는 벽화 속 주인공은 성 오네시무스다. 또한 뛰어난 건축학적 구조를 가진 카란륵 교회는 여러 교회가 모인 종합 수도원 시설에 가깝다. 교회 내부 구조는 마치 평지에 건축한 것처럼 돔이나 천장을 모두 갖추었다. 당시 값이 비쌌던 푸른 물감을 많이 사용한 것으로 보아 경제적으로 매우 풍요로운 시기에 그려진 벽화임을 알 수 있다.

괴레메 박물관 근처에는 젤베 야외 박물관도 있다. 괴레메가 고깔형 응회암 건축물의 전시장이라면, 젤베는 버섯형 건물이 주를 이룬다. 카파도키아 계곡의 대규모 거주지 젤베는 주거지는 물론이고 교회, 방앗간, 물 저장 탱크 등이 있는 도시 형태의 마을이었다. 젤베 계곡에도 보존 상태는 좋지 않지만 교회 두 곳이 확인되었다. 벽화의 소재에 따라

성 바르바라 교회 내부의 프레스코화 | 바탕색 없이 황토에 직접 그리는 오리엔트 전통을 따랐다.

'포도교회'와 '사슴교회'로 불린다. 이슬람 시대 이후에는 이슬람 암굴 사원도 지었는데 첨탑을 마치 교회 종탑처럼 지은 것으로 보아 당시 기독교 건축 양식의 영향을 받은 듯하다.

신과 자연이 빚어낸 예술, 카파도키아

괴레메에서 버스로 15분 정도 달리면, 카파도키아를 상징하는 집단 동굴 집 위츠히사르Uchisar가 모습을 드러낸다. 위츠히사르는 '뾰족한 성채'라는 뜻으로, 카파도키아에서 시내 전망을 한눈에 볼 수 있는 가장 높은 곳이다. 히타이트인들이 최초로 사용한 후 페르시아에 이어 마케도니아 사람들이 거주지로 개발하고 비잔틴인들이 더욱 발전시켰다. 접근하기 어려운 지형이어서 천연 요새로도 이용됐다. 땅속 수백 미터까지 우물을 파서 지하수를 퍼 올릴 수 있는 요새여서 더욱 요긴했을 것이다. 멀리서 보면 고층 빌딩이나 궁전처럼 보이는 거대한 언덕에 수백 채의 암굴 집이 구멍을 내고 박혀 있다. 가까이 다가갈수록 놀랍다. 그 구멍마다 사람들이 집을 꾸미고 살았다는 것이. 오히려 맞은편의 고급스러운 현대식 아파트가 더 이질적으로 느껴진다.

카파도키아를 아무리 돌아다녀도 이곳의 기암괴석과 변화무쌍한 자연 풍광은 상상 그 이상이었다. 카파도키아를 더 자세히 보기 위해 아침 일찍 열기구를 타고 올라가 하늘에서 내려다보기로 했다. 100유로, 우리 돈으로 15만 원이니 꽤 비싸기는 해도 이번에 해보지 않으면 후회할 것 같았다. 새벽 5시, 동이 틀 무렵 수백 개의 열기구가 신천지를 찾아 나설 손님들을 기다리고 있었다. 하늘에서 본 카파도키아는 분명 신

집단 동굴 집 위치히사르 | 히타이트인들이 최초로 사용한 후 페르시아에 이어 마케도니아 사람들이 거주지로 개발했다. 비잔틴 시대에 매우 활발히 이용되었다.

열기구를 타고 하늘에서 본 카파도키아 │ 100유로, 한화로 15만 원이니 비싸기는 해도 이번에 해보지 않으면
후회할 것 같았다. 새벽 5시, 낮은 언덕들을 지나면 버섯 바위들이 나타나고 하얀 아이스크림 산이 끝없이 펼쳐
진다. 태양이 떠오르면서 1분 단위로 색감이 바뀌는 진풍경이 펼쳐진다.

의 작품이었다. 신과 자연이 빚어낸 최고의 예술품이었다. 깔때기를 엎어놓은 듯한 낮은 언덕들을 지나면 버섯 바위들이 나타나고 하얀 아이스크림 산이 끝없이 펼쳐진다. 태양이 떠오르면서 1분 단위로 색감이 바뀐다. 군데군데 펼쳐진 초록의 포도밭에 길게 드리운 바위 그림자들이 인형극을 연상케 한다. 그러다 열기구 조종사가 이야기를 들려주는 바위하나에 시선이 갔다. 조금 큰 바위에 커다란 구멍 하나가 뚫려 있었는데그 구멍 속에 지하 18층의 도시가 건설되었다고 했다. 전율이 일었다. 열기구에서 내리면 숨겨진 도시를 내 눈으로 꼭 확인하리라 다짐했다. 열기구 여행을 끝내고 샴페인을 한 잔씩 마시며 마치 우주 탐험을 함께 한동료들처럼 서로 포옹하며 자축했다.

지하 18층의 암굴 도시, 데린쿠유

카파도키아는 실크로드와 같은 중요한무역 루트였기에 전쟁이 끊이지 않았다. 뿐만 아니라 덥고 건조한 기후역시 이곳 사람들이 순탄한 삶을 살아가는 데 큰 걸림돌이었다. 데린쿠유의 지하 도시는 이런 척박한 삶을 벗어나고자 이뤄낸 위대한 건축물이다. 당시 카파도키아에는 200여 곳의 지하 도시가 있었는데, 그중 '깊은웅덩이'라는 뜻의 '데린쿠유'가 가장 거대하다. 괴레메의 석굴 계곡에서남쪽으로 한 시간을 달리면 데린쿠유 마을에 도착한다.

목동이 우연히 발견했다는 지하 도시 데린쿠유. 사람 머리 하나가겨우 들어갈 만한 구멍 저 땅속 아래, 2만 명을 수용할 수 있는 어마어마한 지하 도시가 있으리고는 아무도 짐작하지 못했을 것이다. 데린쿠유

'깊은 웅덩이'라는 뜻의 지하 도시 데린쿠유 | 사람 머리 하나 겨우 들어갈 작은 구멍 안쪽에 2만 명이 살았던 지하 도시가 있으리라고 누구도 짐작 못했을 것이다.

를 구성하고 있는 응회암은 공기와 닿으면 웬만한 연장으로도 쉽게 깎일 만큼 단단하지 않다. 이런 석질 덕분에 뾰족하게 솟은 응회암 바위를 깎고 뚫어 거주 공간을 만들 수 있었을 것이다.

헬멧을 쓰고, 허리를 굽히고, 손전등을 비춰가며, 화살표를 따라 지하 세계로의 탐험을 시작했다. 표시된 방향 이외의 길로는 절대 들어서지 말라는 안내원의 거듭되는 경고를 들으니 등줄기에 땀이 맺힌다. 지하 6층, 7층, 8층, 입구로부터 55미터 지하. 더는 내려갈 수 없다. 지하 도시가 몇 층까지 있는지는 아직 정확히 파악되지 않았지만 학자들은 17~18층은 족히 될 거라고 추정하고 있다.

머리를 숙여야 겨우 지나갈 수 있는 좁고 낮은 통로가 상하좌우에 수십 갈래로 뻗어 미로처럼 복잡하게 연결되어 있다. 빈 공간마다 거주지가 있는데, 그 속에는 안방, 사랑방 등 다양한 용도의 많은 방이 있었다. 공간을 효율적으로 이용하기 위해 침실을 따로 만들지 않고 거실 벽에 선반 모양의 굴을 파서 소위 '벽감 침대'에서 잠을 잤다고 한다. 더 아래로 파고 들어가 대가족이 머물 수 있는 공간을 마련한 흔적도 보인다. 아래 층에는 소나 노새의 우리도 있었다. 부엌에는 벽과 천장이 검게 그을려 있고 바닥에는 토기를 세워놓았던 움푹 팬 흔적도 눈에 띈다. 근처에 방앗간과 창고도 보였는데, 곡물 창고 바닥에서 발견했다며 안내원이 밀알 하나를 집어주었다. 내미는 내 손이 떨리고 있었다. 지하에 갇힌 과거의 시간이 귓전을 맴도는 것 같았다.

지하 도시 중앙에는 모임 장소였을 법한 넓은 홀이 있고, 80미터 깊이의 공동 우물도 있었다. 우물에는 여전히 물이 고여 있었다. 작은 돌 하나를 던지고 귀를 기울이니 한참 만에 퐁당 하는 소리가 암굴 속에 울려 퍼진다. 한쪽 구석에는 교회나 묘지의 흔적도 있다. 예배당에는 제단과 십자가가 있다. 중간중간에는 맷돌 모양의 큰 바위 문이 있어 비상시에는 이곳을 막아 방어를 한 흔적이 뚜렷하다. 외적이 침입했을 때 각 층을 쉽게 차단하기 위해 각층의 터널 입구마다 설치했다. 이 석문 가운데에 지렛대를 꽂는 구멍이 있어 쉽게 여닫을 수 있지만 외부에서는 무거운 돌문을 움직이는 것이 불가능했다.

내부의 연기를 내보내고 바깥의 공기를 빨아들이는 통풍로도 보였다. 모두 52개의 통풍로가 있어, 지하 도시 주민 수만 명이 불을 때서 빵을 구워도 그 연기를 분산시켜 바깥으로 내보내고 신선한 공기를 끌어들일 수 있었다. 현대의 최첨단 기술에 버금가는 과학적인 건축 구조를 그들은 알고 있었던 것이다. 지하 도시 주민들은 낮에는 들에 나가 밀과 포도를 가꾸고, 밤에는 이곳에서 휴식을 취하고 잠을 청했다. 항상 적의 침입을 대비해 충분한 식량과 물을 저장했고, 그들만이 아는 미로를 통해 바깥세상과 연락했다.

카파도키아 인근에는 아직 공개되지 않은 30여 곳의 지하 도시가 있다. 발굴 중인 외즈코나크Özkonak 지하 도시는 6만 명을 수용할 수 있는 규모라고 한다. 더욱 놀라운 것은 수십 개의 지하 도시를 연결하는 비밀 통로가 있었다는 주장이다. 하지만 바위를 뚫어 불가사의한 지하 도시를 건설한 사람들이 누구인지, 언제부터 이 도시가 형성되었는지를 알려주는 정확한 문헌은 현재로서는 없다. 단지 6,000~7,000년 전 신석기 시대에 부분적으로 이곳에서 생활을 시작했고, 로마 초기에 기독교인들이 박해를 피해 이 암굴 속으로 숨어들었으리라고 추정할 뿐이

위츠히사르 뒤로 펼쳐진 주택들

다. 세월의 흐름에 따라 인구가 늘어나면서 더 넓은 주거 공간이 필요했고, 그래서 옆으로 혹은 지하로 더 많은 시설들을 만들어 결국 하나의 거대한 지하 도시를 이루어냈을 것이다. 13세기, 칭기즈칸의 말발굽이 이곳까지 진격해왔어도 입구를 철저히 봉쇄한 지하 도시가 있었기에 그들은 철통 방어를 계속할 수 있었다.

지하 동굴 여행은 보통의 여행보다 몇 배는 더 힘이 든다. 허리를 구부린 채 어두운 실내를 몇 시간씩 돌아다니며 지하 도시의 면면을 살펴보고 새로운 문명을 느낀다는 것은 쉬운 일이 아니다. 다행히 위츠히사르나 데린쿠유 마을 입구에는 투박한 카페와 간이 토속 음식점이 대여섯 군데 있어 쉬어 갈 수 있다. 데린쿠유 입구에서 첫번째로 보이는 단골 카페, 하산 아저씨의 찻집에서 갓 우려낸 터키 차 한 잔이면 여독을 풀기에 충분하다. 잘록한 유리잔에 비친 적갈색의 맑은 차이는 달이는 방식과 신선도에 따라 맛이 천차만별이다. 차이 한 잔에 염소젖 치즈를 듬뿍 얹은 토스트를 뜨거운 철판에 눌러 내오는 카샤르Kaşar 한 조각으로 데린쿠유 여행이 편안하게 마무리된다.

16

ŞANLIURFA

지구상에서 사람이 살았던
가장 오래된 마을

하란
옥외 박물관

, HARRAN

터키는 나라 전체가 영성靈性 박물관이라 할 수 있다. 아나톨리아 반도를 거쳐 간 수많은 제국과 사람들, 그리고 그들이 남긴 역사와 문화의 자취가 곳곳에 가득하기 때문이다. 또한 이곳에 오면 누구나 자연스럽게 잃어버린 인간 존재의 깊은 뿌리를 생각하게 된다. 그러한 영성의 도시를 대표하는 곳이 샨르우르파다. 이곳은 기독교의 선지자이자 이슬람의 시조인 아브라함이 태어난 도시로 유명하다. 아브라함뿐 아니라 구약성서에 등장하는 욥과 엘리야 등 성인들이 살았던 곳이어서 '성자들의 도시'라 불리기도 한다. 도시 이름에 드물게 '성스러운'이란 뜻의 '샨르Şanlı'란 단어가 붙은 것으로도 이 도시의 역사를 짐작할 수 있다.

그런데 실은 터키 동남부의 도시 이름에 '샨르'가 붙은 것은 이런 배경과는 전혀 상관이 없었다. 100년도 채 지나지 않은 제1차 세계대전 당시 프랑스군이 이 도시를 침공했고, 우르파 주민들이 이에 용감히 대항해 승리를 거둔 일이 있었다. 이 일을 계기로 주민들의 용맹함을 기리기 위해 나라에서 '샨르'라는 명예로운 칭호를 수여한 것이다. 역사는 우리의 상식을 뛰어넘는 전혀 엉뚱한 사건에서 비롯되기도 한다.

기독교와 이슬람교의 선지자, 아브라함이 태어난 동굴

아브라함이 태어난 곳으로 알려진 바위 동굴 앞 성소에는 아침부터 무슬림 신자들이 줄을 잇는다. 왜 기독교 선지자인 아브라함이 이슬람인들의 숭배의 대상이 된 것일까? 이는 이슬람교와 기독교가 같은 뿌리에서 나온 종교라는 사실을 이해하지 않고선 설명이 불가능하다. "전지전능하시고, 절대자이시고, 유일하시며, 우주 삼라만상을 창조한 창조주", 이는 이슬람의 '알라'를 뜻함과 동시에 기독교에서 말하는 '하나님'과 정확히 일치한다. 이슬람권에서는 하느님을 아랍어로 표기한 알라와 같은 존재로 여기는 것이다. 다만 창조주 하느님에게 다가가는 신앙의 방식이나 구원의 길이 다를 뿐이다. 그러므로 구약은 유대교, 기독교, 이슬람교가 경전을 거의 공유한다고 보면 된다. 물론 세부적인 해석은 다르다. 요컨대 기독교에서는 삼위일체설을 정통 교리로 받아들여 예수의 인성과 신성을 함께 인정하지만, 이슬람교에서는 예수를 무함마드와 함께 순수한 인성 예언자로서만 인정하고 존경한다. 하느님의 복음을 인간 세상에 충실히 전파한 최고의 완성된 인격체로 보는 것이다.

재미난 것은 두 종교에서 아브라함을 바라보는 시각이다. 아브라함을 하느님이 가장 총애하는 뛰어난 선지자로 보는 것은 두 종교가 같은 입장이지만, 아브라함의 신앙을 시험하기 위해 하느님이 명하신 제단의 제물은 각각 다르게 여긴다. 기독교에서는 아브라함의 나이 100세 때 본처 사라와의 사이에서 어렵게 얻은 '이삭'을 제물로 보는 반면, 이슬람교에서는 여종 하갈에게서 먼저 얻은 장자 '이스마엘'로 여긴다. 아브라함과 사라 사이에서 태어난 이삭의 후예가 유대인이 되고, 여기서 예수가 나와 기독교로 이어진다. 하갈에게서 얻은 이스마엘의 후예는 아랍인이 되고 여기서 무함마드가 이슬람을 완성한다. 여기서부터 적통 시비가 엇갈린다. 기독교에서는 적자상속의 정당성을 내세우며 아브라함과 이삭의 계보를 따르지만, 이슬람교에서는 장자 승계를 내세우며 아브라함과 이스마엘의 계보를 따르는 것이다. 하지만 두 종교 모두 아브라함을 공동의 조상으로 받아들이는 것에는 의심의 여지가 없다. 기독교의 '아브라함', '이스마엘'을 이슬람에서는 '이브라힘', '이스마일'이라 부른다. 이렇듯 선지자 아브라함은 오늘날 세계 인구의 절반 이상에 해당하는 유대인, 크리스천, 그리고 무슬림들이 공유하는 정신적·문화적 전통을 시작한 인물이다.

순례자의 발길이 끊이질 않는 곳, 샨르우르파

거의 4,000년 전인 청동기 시대부터 중동 전역에 걸쳐 아브라함에 대한 이야기가 다양하게 전해져왔지만, 샨르우르파만큼 아브라함을 숭배하는 곳은 없을 것이다. 아브라함은 이곳에서 태어나 어린 시절을 보낸 이후 선지자가 되었고, 샨르우르파에서 걸어서 하루 거리인 하란에서 성지순례를 시작해 메카까지 당도했다고 전해진다. 그 결과, 샨르우르파는 이미 1,000여 년 전부터 순례의 중심지가 되었다. 또한 터키 이슬람의 총본산이자 지금도 메카로 성지순례를 떠나는 터키인들이 반드시 거쳐 가는 성소이며 1년 내내 종교를 초월한 순례자의 발길이 끊이지 않는 최대 성지이기도 하다.

샨르우르파의 중심부에는 모스크, 정원, 연못 등이 남아 있다. 성지

304

로 숭배받는 곳이 으레 그렇듯 샨르우르파 역시 이슬람의 전통이 살아 있
다. 거리를 걷다 보면 검은 차도르를 쓴 여인들과 이슬람 전통 복장의 남
자들이 유난히 눈에 띄어, 터키 서부와는 사뭇 다른 이슬람 국가의 분위
기가 물씬 풍긴다. 샨르우르파는 터키에서 가장 더운 곳으로도 유명하
다. 한여름 낮 기온이 50도를 넘나들 정도다. 뜨거운 햇볕 아래 성자의 탄
생지에 울려 퍼지는 아잔 소리가 내 기억 속에 샨르우르파를 새겨놓는다.

아나톨리아와 메소포타미아를 잇는 고대 문명의 교차로, 하란

샨르우르파에
서 남쪽으로 45킬로미터 떨어진 곳, 미니버스 돌무쉬로 한 시간 거리에
또 다른 성소가 있다. 지구상에서 사람이 살았던 가장 오래된 마을 중 하
나로 손꼽히는 곳, 하란이다. 하란으로 향하는 길에 펼쳐지는 끝이 보이
지 않는 광활한 평야에는 수확을 앞둔 목화송이들이 수북이 피어 있다.
솜사탕이 송이송이 피어 있는 듯하다. 하란이란 지명은 현지에서는 퍽 낯
설다. 터키인들은 하란을 '알튼바샥'이라 부른다. 하란의 원래 이름은 '아
람나흐라임'으로, 티그리스 강과 유프라테스 강 사이에 있는 '아랍인의
땅'이라는 뜻이다. 이 두 강은 지금도 터키의 중요한 농경수일 뿐만 아니
라 시리아와 이란 국민들에게 식수를 공급해주는 생명의 강이다. 하란은
인류 역사 5,000년 동안 아나톨리아와 메소포타미아를 잇는 무역 통로
역할을 맡았던 고대 문명의 교차로였다. 하란의 남쪽 길목은 바로 시리
아 국경으로, 여기를 통과하면 레바논을 거쳐 이스라엘로 향하게 된다.
한창 내전 중인 요즘 같은 때에는 하란을 비롯한 터키 남동부 지역으로의

여행은 자제하는 것이 안전하다.

돌무쉬가 옛 하란 성읍으로 들어서는 순간, 탄성이 쏟아져나온다. 눈앞에 기원전 2000년경의 가옥들 모습이 그대로 펼쳐진다. 가옥들의 모양이 매우 특이한데, 흙벽돌을 쌓아 올려 만든 벽체에 달걀 모양 또는 뾰족 모자 같은 원추형의 긴 지붕들이 연이어 있다. 원추형 지붕 꼭대기에는 구멍을 만들어 수직으로 빛이 들어오게 했다. 지붕을 원추형으로 높이 세운 이유는 이 지역의 무더운 날씨 탓일 것이다. 더운 열기가 높고 길게 만든 천장을 통해 빠져나가기 때문에 가마솥 같은 한여름 날씨에도 실내에는 비교적 선선한 기운이 감돈다.

전통 가옥 중 옛집을 박물관으로 개조한 곳이 두 군데 보이기에 들어가보았다. 혹시 하란의 옛 정취를 만날 수 있을까 하는 기대에서였다. 하지만 맷돌, 도리깨 같은 비교적 근래에 사용했던 생활 도구를 전시해 놓은 게 전부였다. 관광객 맞이에 익숙한 주인 겸 박물관 관리인은 전통 하란 복장을 재빨리 내게 입혀주고 따뜻한 터키 차이 한 잔을 건네면서 유적의 가치를 설명하기보다 가족들이 만든 수예품을 파는 데 더 관심을 기울였다. 하란의 옛 모습을 만나지 못한 아쉬움은 마당의 차양 아래서 차 한 잔 마시는 여유로 달래야 했다.

세월의 흐름에 따라 지금은 보잘것없는 시골 마을로 전락했지만, 고도의 문명을 자랑했던 고대 도시 하란은 인류 역사와 뗄 수 없는 관계를 맺고 있다. 하란은 기원전 2500년 이전에 건설된 도시다. 시리아에서 발견된 기원전 2000년경의 비문을 보면 당시 이미 하란이 상업 도시로 번창했다는 기록이 있다. 기원전 1100년경에는 달을 숭배하는 아시리아인이 지배했고, 이후 로마의 영토가 되었다. 고대 오리엔트의 문화적

하란 성읍의 원추형 가옥들 | 흙벽돌을 쌓아 올려 만든 벽체에 달걀 모양 또는 뾰족 모자 같은 원추형의 긴 지붕들이 세워져 있다. 기원전 2000년경 모습 그대로 남아 있다.

원추형 가옥의 천장과 실내 | 높고 길게 만든 천장을 통해 더운 열기가 빠져나가기 때문에 가마솥 같은 한여름 날씨에도 실내에는 비교적 선선한 기운이 감돈다. 원추형 지붕 꼭대기에는 구멍을 만들어 수직으로 빛이 들어오게 했다.

영향으로 하란인들 역시 '신Sin'이라는 달신을 섬겼다. 기원전 730년경의 한 비문에는 하란 왕이 달신에게 경배하는 구절이 새겨져 있다. 달신의 신전 지붕은 레바논에서 들여온 백향목 목재로 지어 올렸고, 벽은 은으로 장식했다고 한다. 달신은 흘러내리는 수염이 있는 사람의 형상으로 머리에는 초승달이 새겨진 뿔 모양의 왕관이 씌워져 있다. 또한 하란은 기독교 역사에서 빼놓을 수 없는 성지로, 선지자 아브라함이 신의 부름을 받고 우르파를 떠나 약속의 땅 가나안에 도착하기 전까지 머물렀던 유서 깊은 땅이기도 하다.

하란 입구에서는 터키와 시리아를 오가는 국경 시장이 열린다. 하란을 방문한 날 마침 많은 사람들이 몰려 있기에 다가가보니, 지중해의 온갖 과일과 야채가 풍성한 시장이 열리고 있었다. 시리아에서 건너온 피스타치오와 땅콩, 견과류는 물론이고 제철을 맞은 씨 없는 청포도, 아무거나 골라도 결코 후회하지 않을 수박과 멜론, 하얀 속살에 분홍빛이 감도는 갈라진 무화과가 지나가는 행인들을 유혹한다. 지중해가 주산지인 오렌지는 종류도 크기도 색깔도 제각각이다. 산지에 따라 이름도 다르고 값도 두세 배씩 차이가 난다. 터키 사람들은 오렌지를 '포르타칼por-takal'이라 부른다. 아랍 전역에서도 오렌지를 '보르타갈'이라 부르는 것을 보면 분명 '포르투갈'과 관련이 있을 것이다. 중동학의 대가 버나드 루이스 교수에 따르면 원래 오렌지는 중국에서 나는 과일이었는데, 포르투갈 상인들이 지중해에 소개하는 과정에서 그곳 풍토에 맞는 크고 당도 높은 품질로 개량한 것이라고 한다.

고대 하란의 자취를 좀 더 느껴보려고 마을 남동쪽에 있는 내성으

이슬람 사원, 울루 자미 ｜ 아나톨리아 반도에서 가장 오래된 이슬람 건축물로 지금은 미나레트로 쓰던 높다란 기둥과 건물 일부만 남아 있다.

로 발길을 옮겼다. 커다란 터키 국기가 꽂혀 있는 언덕이 옛 하란의 유적이 있던 장소다. 하란 성곽은 총 길이 4킬로미터에 여섯 개의 문이 있었다고 한다. 히타이트 시대에 축조된 것이지만 현재의 모습은 11세기경에 조성되었다. 원래는 네 개의 기둥이 모퉁이마다 있었다는데 지금은 두 개만 남아 있다. 성곽 여기저기에 넓은 공간이 많은데 고대에는 달을 숭배하던 신전이었지만 시대를 거치며 교회와 모스크로 바뀌었다고 한다. 아래층 천장 정중앙에 있는 돌이 십자가 모양인 것이 흥미롭다. 언덕 북쪽에서 가장 눈에 띄는 것은 33.3미터의 사각 기둥이 서 있는 이슬람 사원 울루 자미다. 750년에 지어진 것으로, 아나톨리아에 지은 이슬람 건축물 가운데 가장 오래된 모스크로 알려져 있다. 지금은 미나레트로 쓰던 높다란 기둥과 건물 일부만 남아 화려했던 이슬람 시절을 증명해준다. 이렇듯 현재 하란은 기독교와 유대교, 이슬람교의 유적들이 혼재되어 자리를 지키고 있다.

17

ŞANL

인류사를 뒤바꾼
1만 2,000년 전 신전의 발견

괴베클리테페
옥외 박물관

URFA

샨르우르파 시내에서 북서쪽으로 18킬로미터를 가면 760미터 높이의 괴베클리테페 언덕이 있다. 사방이 뚫린 들판에 올리브나무와 피스타치오가 무성한 이 도시에서 가장 높은 하란 고원의 정상부다. 평소 무심히 지나치던 평범한 언덕 아래에 세상의 상식과 역사 발전 이론을 송두리째 흔들어놓을 신전 유적이 숨어 있을 줄은 아무도 몰랐다.

1963년 처음 이곳에서 발굴을 주도한 미국 시카고 대학의 고고학자 피터 베네딕트조차 신석기 시대의 흔적이 일부 보이지만 돌기둥이나 바닥은 중세 시대 무덤터일 것이라고 추정했다. 그런데 1995년부터 독일 고고학자 클라우스 슈미트 팀이 20년간 이 지역을 집중 탐사하고 발굴을 계속해온 결과, 믿기지 않는 소식을 접하게 되었다. 이 유적지가 적어도 1만 2,000년 전의 신전과 도시 문명 유적이라는 사실이었다. 발굴 작업에 직접 참여했던 샨르우르파의 한 원주민은 클라우스 슈미트 교수한테 직접 들은 이야기라며 내게 재미난 발굴 비화를 알려주었다. 그의 말에 따르면, 발굴의 결정적 단서는 참으로 우연한 기회에 찾아왔다고 한다. 한 농부가 밭을 갈다가 땅속에 박힌 돌기둥을 발견한 것이다. 그런데 돌기둥이 꽤 정교하게 조각된 것을 보고 돈이 되겠다고 판단한 농부는 이를 시장에 내다팔려다가 경찰에 덜미가 잡혔다고 한다. 마침 인근에서 '네발리 초르'라는 또 다른 신석기 유적을 발굴중이던 슈미트 교수에게까지 이 소식이 알려졌다. 그는 그 농부와 함께 발견 장소를 확인했고, 그러던 도중 그 일대에 매몰된 신전을 찾아내게 된 것이다.

버려진 원시의 신전을 찾아서

원주민의 이야기에 흥분을 감추지 못한 나는 새로운 신전 소식을 들은 지 얼마 지나지 않은 2014년 8월, 터키의 괴베클리테페로 날아갔다. 열한 시간의 비행 끝에 이스탄불 아타튀르크 국제공항에 도착한 것이 새벽 5시였다. 국내선으로 갈아타고 또 두 시간을 날아가 마침내 샨르우르파 공항에 도착했다. 4년째 계속되는 시리아 내전의 난민들이 목숨을 걸고 탈출해 50만 명의 거대한 텐트촌이 형성된 터라 공항 경비가 어느 때보다 삼엄했다. 왜 왔느냐고 묻는 공항 요원의 목소리가 날카롭다. 이웃 나라 시리아와 이라크의 대혼란 상황으로 한 치 앞을 내다볼 수 없을 상황 속에 자신들도 잘 모르는 괴베클리테페를 방문한다고 하니, 어안이 벙벙한 모양이다. 터키어로 유적의 중요성을 설명해주고 인류학자로서 꼭 보고 싶다는 뜻을 피력했더니, 그제야 찾아가는 길이며 주의 사항을 친절하게 일러준다. 그러곤 공항 밖까지 따라나와 택시기사에게 내 안전을 당부한다. 이게 진짜 터키 사람들의 모습이다.

샨르우르파의 8월 중순 기온은 40도를 웃돈다. 괴베클리테페를 찾아가는 길은 의외로 포장된 아스팔트 길에다 이정표도 잘 되어 있다. 하지만 유적지 입구부터는 흙먼지 길이다. 땅속 어디서 무엇이 나올지 모르는 상황에서 길을 포장해버릴 수 없기 때문일 것이다. 언덕 위로 접근할수록 여기저기서 돌무더기가 눈에 들어온다. 한눈에 보아도 다듬어진 돌로, 건축 자재로 사용된 것이 틀림없다. 이 얘기는 언덕 정상을 중심으로 광범위한 지역에 걸쳐 신전이나 다른 구조물이 있었다는 의미다.

사방이 내려다보이는 언덕 위에 올라섰다. 척박한 대지가 끝없이 펼쳐져 있다. 숨 쉬기도 어려운 뜨거운 여름 날씨는 맹렬하게 햇빛을 쏟아놓는다. 그런 무더위 속에서도 젊은 고고학자들과 인부들은 텐트 안에서 비닐을 둘러치고 힘든 발굴 작업을 계속하고 있었다. 수십 군데가 넘는 원형과 타원형의 신전터가 땅 위로 드러나 있었다. 현재까지 모두 23곳 정도의 크고 작은 신전터가 확인되었다고 한다. 도대체 얼마나 많은 사람들이, 왜 이렇게 많은 신전을 지었고, 또 여기서 무엇을 했을까? 그들의 신앙은 무엇이고 그들이 섬기던 신들의 모습은 어땠을까? 풀리지 않는 의문이 꼬리에 꼬리를 물고 이어졌다.

인류사를 뒤흔든 괴베클리테페 신전

일반인에게 공개된 유적지로 가까이 다가가봤다. T자형 기둥 상단에 양각된 살아 있는 듯한 사자 한 마리. 꼬리를 치키고 거칠게 포효하는 사자의 카리스마와 생동감은 단순한 원시시대 예술이라곤 볼 수 없을 만큼 탁월하게 묘사되어 있다. 청동기나 철기의 금속 도구를 만들려는 꿈을 꾸기도 전의 일이다. 비교적 무른 석회암을 단단한 돌로 다듬은 것일 텐데, 원석 하나를 떡 주무르듯 갈고 깎고

수십 개의 T자형 기둥으로 둘러싸인 타원형 신전의 모습 │ 기둥 하나하나에 새겨진 상형 문자의 신비는 무엇일까? 무슨 사연을 담고 무엇을 갈구했을까?

괴베클리 테페 옥외 박물관

괴베클리테페 유적의 가장 두드러진 특징인 T자형 석회암 기둥들 │ T자형 기둥 상단에 양각한 사자 한 마리,
꼬리를 치키고 거칠게 포효하는 카리스마와 생동감은 그저 원시 예술이라 하기 어려울 만큼 탁월하다. 청동기나
철기보다 훨씬 앞선 시기라 단지 돌로 돌을 깍고 다듬어 발가락 하나까지 움직이는 듯 세세히 조각해놓았다.

다듬고, 발가락 하나까지 움직이는 듯 세세히 조각해놓았다. 탁월한 과학 지식을 가지고 무에서 유를 만들어낸 또 하나의 위대한 인류가 있었음을 새롭게 깨닫는다.

언덕 정상에 못 미친 곳에 신전의 중심 유적이 나타난다. 신전의 지름은 30미터, 평균 5미터 높이의 기둥들이 원을 이루며 둘러서 있었다. 정교하게 다듬은 T자형 석회암 기둥들이다. 무게가 15톤이나 된다는 돌기둥에는 여우, 가젤, 뱀, 전갈, 멧돼지 같은 다양한 동물들이 살아 움직일 듯 생생하게 조각되어 있다. 아마도 죽은 자의 영혼을 보호하는 의미이거나 우주에 관한 상징적인 메시지가 담겨 있을 것이라 해석하고 있다. 기둥 사면에는 알 수 없는 부호와 상징적인 동물 들이 일련의 질서와 규칙을 갖고 표현되어 있다. 그들의 독특한 문자이자 소통 방식이었을 것이다.

클라우스 슈미트 교수의 설명에 따르면 이 유적지는 신석기 시대의 대성당이었다. 2014년 8월까지 밝혀진 바로는 인류 최초의 신전으로, 멀리 160킬로미터 떨어진 곳에서도 참배하러 올 정도로 중요한 종교적 순례지였다. 그 흔적으로 공물로 바쳐진 많은 동물 뼈가 발견되었다. 이는 인류 최초의 도시 유적으로 알려진 이스라엘의 여리고나 아나톨리아 중부 지방의 차탈휘육보다도 3,000년이나 앞선 문명이다. 기원전 3,000년경 4대 고대 문명이 꽃을 피운 시기보다 무려 7,000년이나 앞서서 인류가 체계화된 도시 문명을 이루고 구조화된 신앙과 사회 체제를 갖췄다는 것은 인류학을 공부하는 사람에게도 충격적인 대사건이었다. 게다가 괴베클리테페 신전 유적은 기존의 도시 문명이 농경, 동물 사육, 도구 사용을 중심으로 대량 인구의 동원이 가능한 농경·정착 시대의 산물이라는 이론을 깨뜨리고, 농경 이전의 수렵·채취 시대에도 대규모의 도시 공동체가 존재할 수 있었다는 인류사의 새로운 가설을 정립하는 계기가 되었다.

무엇보다 재미있는 사실은 23곳이나 되는 신전터를 통해 신석기 시대 사람들이 주기적으로 이동하면서 새로운 신전을 건설했음을 짐작할 수 있다는 것이다. 기존의 신전을 계속 사용하지 않고 그대로 덮어버린 후 새로운 곳을 선택한 것이다. 게다가 갈수록 신전 규모가 작아지고 어떤 곳은 기둥 하나만 덩그러니 서 있다. 그렇게 2,000년의 시간이 지난 후, 신전 건설자들은 수렵 시대에서 농경 시대로 접어들었고 이 신전을 영원히 버린 것이라고 추정할 수 있다. 그 결과 1만 년 후인 1995년, 현대 인류에게 시간에 묻힌 비밀의 숙제를 고스란히 안겨준 것이다.

헌데 정작 유적지 현장에서는 사진에서 본 상당수의 정교하고 아름다운 T자형 기둥을 찾아볼 수 없었다. 이미 조사를 마치고 시내에 신축 중인 우르파 국립박물관으로 옮겨놓았기 때문이라고 했다. 현장의 고고학자들과 한참 동안 대화를 주고받은 후 시내 박물관으로 차를 몰았다. 그러나 격자형 무늬로 빛과 그림자를 절묘하게 대비시킨 독특한 형태의 박물관은 아직 공사중이었다. 입구에서부터 경비에게 출입을 차단당하고 오랜 꿈이 무산되려는 순간, 나의 터키 친구들을 총동원한 끝에 박물관 부관장을 만날 수 있었다. 괴베클리테페 유적을 보기 위해 한국에서 먼 길을 날아온 열정에 감복한 그는 전시 준비중인 박물관에서 직접 손전등을 비춰가며 유물들을 설명해주고 수장고에 있는 중요한 유물까지 보여주었다. 떨리는 마음으로 유물들을 바라보았고, 1만 2,000년 전 장인들의 손길을 상상하며 그들에게 조용히 혼잣말로 인사를 건넸다. 인간의 오만에 갇힌 기술은 한 시대로 끝이 나지만, 신에게 바친 기술은 시

320

괴베클리테페 신전 발굴 현장 | 2014년 8월, 인류사를 뒤흔들어 놓은 괴베클리테페는 무려 1만 2,000년 전에 세워졌다. 이는 인류 최초 도시 유적으로 알려져 온 여리고나 차탈휘육보다 3,000년 앞서고, 4대 고대문명보다는 무려 7,000년 앞선다.

고대 건축의 미스터리, 괴베클리테페 | 1995년부터 20년간 약 1,000명이 노력한 결과 전체 유적의 10퍼센트 정도를 발굴했고 앞으로 60년 정도 작업을 계속할 계획이라고 한다. 도대체 얼마나 많은 사람들이, 왜 이렇게 많은 신전을 지었고 여기서 무엇을 했을까? 주거지의 흔적이 없다면 도시보다 신전이 먼저 건설된 것일까? 괴베클리테페가 던지는 의문들이 꼬리를 물고 이어진다.

공을 초월해 살아 숨 쉰다고 말하는 그들의 목소리가 들리는 듯하다.

그런데 아직 한 가지 풀리지 않는 의문이 있다. 괴베클리테페에서 사람이 살았던 흔적이 발견되지 않았다는 점이다. 주거지의 흔적이나 인골이 발견되지 않았다는 사실은 이곳이 멀리서 참배하러 오는 신전이었을 가능성에 무게를 실어준다. 그렇다면 괴베클리테페는 1년에 몇 차례씩 제의 의식을 하거나 여기저기 흩어져 사는 사람들이 의례를 위해 만나는 회합의 장소였을 것이다. 이는 다시 말해 도시가 만들어진 뒤에 신전이 건설된다는 문명 발전 단계의 일반론을 무너뜨리는 증거다. 신전이 세워진 다음에 도시가 건설될 수 있다는 또 다른 추정도 이제 가능해졌다.

한마디로 괴베클리테페 유적의 발굴은 인류사를 뒤흔들어놓은 일대 사건이다. 20년간 약 1,000명의 발굴 팀이 노력한 결과, 전체 유적의 약 10퍼센트가 발굴되었고 앞으로도 60년 정도 작업이 계속될 것이라고 한다. 그 과정에서 어떤 고대 건축의 미스터리가 풀릴지 기대해본다.

터키 박물관 산책

첫판 1쇄 펴낸날 2015년 4월 24일
  6쇄 펴낸날 2024년 9월 2일

지은이 이희수
발행인 조한나
편집기획 김교석 유승연 문해림 김유진 곽세라 전하연 박혜인 조정현
디자인 한승연 성윤정
마케팅 문창운 백윤진 박희원
회계 양여진 김주연
사진 제공 강정임 96, 98-99, 100, 102쪽
        김주호 211, 230쪽
        박영훈 59, 307, 308쪽
        이경진 195, 197, 198, 200쪽
        이스탄불문화원 44-45, 66-67, 114-115, 148, 153, 155,
                    218, 246-247, 263, 278, 283, 284-285, 292-293쪽

펴낸곳 (주)도서출판 푸른숲
출판등록 2003년 12월 17일 제2003-000032호
주소 서울특별시 마포구 토정로 35-1 2층, 우편번호 04083
전화 02)6392-7871, 2(마케팅부), 02)6392-7873(편집부)
팩스 02)6392-7875
홈페이지 www.prunsoop.co.kr
페이스북 www.facebook.com/prunsoop   인스타그램 @prunsoop

ⓒ이희수, 2015
ISBN 979-11-5675-540-1 (03900)